見よ、それはきわめてよかった

総合的《インテグラル》なエコロジーへの招き

日本カトリック司教団

カトリック中央協議会

あいさつ

二〇二〇年の初めごろから、世界中を巻き込んだいのちの危機は、目に見えない小さなウイルスによってもたらされました。未知のウイルスは世界を大混乱に陥れ、わたしたちは人間の知恵と知識には限界があることを体験させられました。しかし往々にしてわたしたちは、あたかも人類がこの世界の支配者であるかのように振る舞い続けています。感染症や自然災害に見舞われたとき、わたしたちはそれが思い上がりであることを自覚させられてきたのですが、残念ながらそういった経験に基づく記憶は長続きしないようです。

しかしいまや、わたしたちが生活するこの地球は、そんな人類の移ろいやすい気分に翻弄され、またその身勝手な支配に耐えかねて、悲鳴を上げています。

たとえば、気候変動です。気候変動に関する政府間パネル（IPCC）の第六次評価報告書第二作業部会報告書が二〇二二年に公表されました。これによると、二〇一四年に公表された第五次評価報告書の予想に比べて、温暖化の影響はより早く、より広範の生態系に影響を与えており、もっとも弱い立場に置かれたより多くの人々の人命が危機にさらされているとのことです。教皇フランシスコは二〇二三年、気候危機について取り上げた使徒的勧告『ラウダーテ・デウム――気候危機について』を出し、善意あるすべての人、政治に携わる人々も、企業も、市民も、ともにこの問題に取り組むよう呼びかけました。日本においても、大雨や台風による洪水や土砂災害、気温の変化による農業や漁業への影響など、気候の変化は人々の社会、経済生活に大きな影響を与えています。また、温室効果ガスの排出、プラスチックをはじめとする海洋ゴミの流出など、わたしたちは自らわたしたちの共通の家である地球を破壊し続けています。

二〇一五年五月、教皇フランシスコは回勅『ラウダート・シ――ともに暮らす家を大切に』を発表し、すべての被造物は互いにすべてつながっているがために、互いの調和のうちに生きていく道を探ることの重要性を指摘されました。日本の司教団はこの招きにこたえ、二〇一七年に司教団文書『いのちへのまなざし』を大幅に改訂し、環境問題についてより詳しく取り上げました。そして二〇一九年には、日本カトリック司教協議会社会司教委員会が、日本のカトリック教会として環境問題にどのように取り組むのか検討を開始し、その提案を受けて二〇二一年から司教協議会として本書の作成を進めてきました。

わたしたちが今歩んでいるシノドスの道程は、「ともに歩む」ことの意味を話し合うように招いています。本書を通してわたしたち日本の司教団は、大地と貧しい人々の叫びに耳を傾け、それを神の視点で識別し、信仰に基づく霊的な動機に動かされ、具体的な行動によってともに歩むよう呼びかけたいと思います。「キリスト者の共同体として、わたしたちは、すべてのいのちを守り、知恵と勇気をもって〝あかし〟していきたい（教皇フランシスコ、東京ドームミサ説教）。一人でも多くの人が、この呼びかけにこたえてくださることを、心から願っています。

二〇二四年五月

日本カトリック司教協議会
会長　菊地　功

目次

第一部　観る　SEE ――「ともに暮らす家」を観る

第二部　識別する

DISCERN

――信仰に照らされて識別する

第三部 行動する ACT ——ともに生きるために行動する

聖書の引用には、原則として日本聖書協会『聖書　新共同訳』（二〇〇〇年版）を使用しました。ただし、漢字・仮名の表記は本文に合わせています。

本文中に頻出する教皇フランシスコの文書については、以下のとおり略語を用いて出典を明記しています。

LS　回勅　ラウダート・シ――ともに暮らす家を大切に

EG　使徒的勧告　福音の喜び

QA　使徒的勧告　愛するアマゾン

FT　回勅　兄弟の皆さん

LD　使徒的勧告　ラウダーテ・デウム――気候危機について

見よ、それはきわめてよかった——総合的《インテグラル》なエコロジーへの招き

はじめに

創造の恵みに感謝して

1　神はお造りになったすべてのものをご覧になった。見よ、それはきわめてよかった――。

創世記の第1章のことばです。

皆さんは、自分の存在が神の前によいものであるという事実をどう思われますか。神がお造りになったすべてのものが互いにつながっていて、よいものであることをどのように受け止めておられますか。

教皇フランシスコは、二〇一五年に回勅『ラウダート・シ――ともに暮らす家を大切に』を発表しました。この回勅の冒頭のことば「ラウダート・シ」は、「わたしの主よ、あなたはたたえられますように」という意味です。

つまりこの回勅は、創造を通して神から与えられる恵みに感謝し、賛美することから始められており、また「世界は、解決すべき問題であるよりは、むしろ歓喜と賛美をもって観想されるべき喜ばしい神秘」（LS12）だと教えています。環境問題に取り組むとき、わたしたちはまず、自然環境という神の恵みに感謝し、その神のみわざを賛美するよう招かれているのです。

『ラウダート・シ』は、大きく分けて三つの課題を提示しています。

一　自然のたまものについて、感謝のうちに創造主を賛美する（賛美と感謝）。

二　すべてがつながっている現実を踏まえて生きる（総合的《インテグラル》なエコロジー）。

三　傷ついた被造界をいやす（和解の実践）。

『ラウダート・シ』の中心的なテーマの一つである総合的《インテグラル》なエコロジーは、「神と、他者と、自然と、自分自身との」（LS10）調和ある関係を追求するもので、これらはそれぞれ分かちがたく結びついています。それは、いつくしみとまことである神がお造りになったこの自然界にはどのようなおきてが備わっているのか、そして、同じ神によって社会的本性を刻まれた人間はそもそもどのような存在であり、いかなる社会を目指すべきなのか、ということを改めて思い起こさせてくれます。

教皇フランシスコは、環境について知ることとは、「情報の蓄積や好奇心の満足ではなく、むしろ痛みをもって気づくこと、世界に起きていることをあえて自分自身の個人的な苦しみとすること、そして一人ひとりがそれについてなしうることを見付け出すこと」（LS19）だと述べ、そして問いかけます（ＬＳ160参照）。

・後に続く人々、また今成長しつつある子どもたちのために、わたしたちは一体どのような世界を残したいのでしょうか。

・何のために、わたしたちはこの世に生まれてきたのでしょうか。

・わたしたちの働きと取り組みは、何を目標としているのでしょうか。

・なぜ、この地球はわたしたちを必要としているのでしょうか。

この教皇からの問いかけに、皆さんはどのようにこたえますか。

本書の目的

2　わたしたち日本の司教団は本書を通して、すべてのいのちを守るための取り組みに参加するよう広く呼びかけます。神が造られた世界の、あるべき姿の実現を目指して歩みを進めていくために、『ラウダート・シ』に学び、それぞれの場で総合的《インテグラル》なエコロジー、すなわち神と、他者と、自然と、そして自分自身との調和ある関係を追求して生きていくよう呼びかけます。『ラウダート・シ』は、わたしたちをエコロジカルな回心へと招きます。それは、一人ひとりが被造界と和解するために「自分たちの生活を吟味し、行いや怠りによって神のものである被造界を傷つけてきたことを認め……回心、すなわち心の変革を経る必要がある」（LS218）との招きです。

すべてのいのち、すべての被造物は神のたまものです。その意味で、すべてのいのちをはぐくむことは、キリスト者にとって信仰告白であり、福音をあかしすることです。神の国の建設に参加することだということもできるでしょう。

いのちを感謝のうちに大切にし、また、いのちが踏みつけられたときには痛みを覚え、声を上げ、いやすためにともに歩んでいくよう求められています。

本書は、「観る」「識別する」「行動する」という三段階を通じて、環境やエコロジーについての理解を深めるよう促し、行動へと招いています。

この三段階のプロセスは、カトリック青年労働者連盟（JOC）の実践から生まれ、教皇ヨハネ二十三世の回勅『マーテル・エト・マジストラ』（一九六一年）に取り入れられました。そこにおいて教皇は、教会が教える「社会についての諸原理を実践に移す際には、通常三つの段階を経る」ことを示し、「第一に、具体的な状況を確認し、第二に、それらの（社会教説の）諸原理に照らしてその状況を判断し、第三に、それらの諸原理をそうした状況下で実践するためにできること、すべきことを決定する」（同回勅236）のだと説明しています。

この方法は、第二バチカン公会議でも重要性が強調され、その後、解放の神学や実践神学においても広く活用されています。

なお、グループでの分かち合いや他者の実践からの学びなど、本書を活用するうえで役立つ情報が、日本カトリック司教協議会「ラウダート・シ」デスクのウェブサイト（https://laudatosi.jp/）に掲載されています。そちらもご参照ください。

一人ひとりが福音の光に導かれ、日常の小さく、ささやかな取り組みから始めて、多くの人々とともに喜びのうちに、神に与えられたいのちを大切にする社会を築いていくことができますよう、聖霊の導きを祈ります。

第一部

観る SEE

——「ともに暮らす家」を観る

3　初めのステップは「観る」です。

識別し、行動するためには、まず観ることが必要です。「観る」という行為は、単なる事実の把握にとどまらず、神の思いに包まれながら、心を動かされつつ気づく、ということです。ですから「観る」行為は、「出会う」とも言い換えることができるでしょう。

総合的《インテグラル》なエコロジーは、神、他者、自然、自分自身との調和ある関係を取り上げ、あらゆる物事をつながり合うもの、影響し合うものとして観ることへと誘《いざな》います。現実をこのように観ること、すなわち現実との生き生きとした出会いが、「社会的でも環境的でもある一つの複雑な危機」（LS139）に対する、より実効性のある行動への道を開いてくれるのです。

この第一部の前半では、体験していることを秩序立てて観る（なぜ観るのか、どのように観るのか）ための基本原理（考察の原理）を提示します。後半では、皆がともに暮らす家に何が起きているのか、日本における課題にはどのようなものがあるのかを紹介します。

わたしたちはたくさんの思い込みや先入観、自己中心的な願望をもって生きています。また、問題の状況・原因は複雑なもので、わたしたちの認識にはいつも限界があります。そのような限界を認めつつ、聖霊を通して豊かに働いてくださる主に信頼し、「観る」歩みを進めましょう。

「裁くためではなく、救うために来られた」（ヨハネ3・17参照）イエス・キリストのいつくしみの心に結ばれ、「人類の行方に対する愛に満ちた関心」（『教会の社会教説綱要』8）をもって取り組むとき、被造界の中にある神が与える真と美、人々の善なる取り組み、自身の中にある聖性にも目が開かれることでしょう。

一　回勅『ラウダート・シ』のまなざし

4　カトリック教会はこれまでさまざまな文書を通じて、神の似姿として創造された人間の人格としての尊厳を説いてきました。また、教会の社会教説では、本来あるべき社会の姿が教示されています。

そして、教皇フランシスコは回勅『ラウダート・シ』の中で、この地球を「ともに暮らす家」と呼び、解決すべき問題であるよりは、畏敬と驚嘆の念をもって観想すべき神秘（ＬＳ11、12参照）として受け止めるよう促します。

今わたしたちは、一人ひとりが想像力を働かせながら、この観想すべき神秘である地球を、その美しい姿を思い描くよう招かれているのです。

1　観想の心と事実を見る姿勢

神のくみ尽くしがたい豊かさ

5　「宇宙は一つの全体として、その多様なかかわりすべてをもって、神のくみ尽くしがたい豊かさを表明しています」（LS86）。何かを知ろうとするときには、それをそれとして成り立たせている多様な関係を把握するよう努めなければなりません。それは、創造主である神があらゆる被造物を、依存し合い、補い合い、互いの役に立つものとしてお造りになったという確信に発する誠実な態度です。

「もしわたしたちが一つ一つの被造物を神の計画全体において観想するなら、その一つ一つの重要性と意味」がより明らかになることでしょう。「太陽と月、ヒマラヤスギと小さな草花、わしとすずめなどのような数え切れない相違点をもつものが存在する」という事実は、「いかなる被造物も自らだけでは存続していけない」（LS86）という真実を物語っているのです。

「存在するすべてのものの中に映し出される神を見ることができるとき、わたしたちの心は、すべての被造物のゆえに主を賛美し、すべての被造物と一つになって主を礼拝したい、という願望に動かされ」ます。「こうした情感を壮大なスケールで表現している」（ＬＳ87）アッシジの聖フランシスコの太陽の賛歌に声と心を合わせるとき、人間本来のあり方や自分本来の生き方に立ち返る喜びと安らぎを体験できるかもしれません。

このような観想の心と同時に必要なのは、地球環境が著しく傷つけられているという厳然たる事実を真摯に率直に見る姿勢です。その両輪、すなわち、神秘に開かれた観想の心と、科学的根拠を重んじる誠実さとをもって、『ラウダート・シ』は、ともに暮らす家に起きている環境問題を概観させてくれます。

『ラウダート・シ』は、情報の収集や知的発見にとどまることなく、痛みを伴っての気づきを得るよう招いています。起きている問題を自己の苦しみとして捉え、自分がなすべきことを見いだすよう求めているのです（ＬＳ19参照）。

家を守り治める知恵

6　地球環境に目を向ける際、科学的なアプローチとしての「エコロジー」が広く必要とされることはいうまでもありませんが、カトリック教会が基盤とするエコロジーは、『ラウダート・

シ』が示す、より広範なアプローチを有した「総合的《インテグラル》なエコロジー」です。

ちなみに環境思想・倫理に登場するエコロジーという語は、ギリシア語のオイコス（「家」という意味）に由来し、もともとは生物学の一分野としての「生態学」、つまり生き物やその周囲の生息環境に関する学問を指すことばです。この語源の意味合いも考慮するなら、エコロジーという語は「家とその中にある家財全般をふさわしく管理する知恵」、短くするなら「家を守り治める知恵」とも表現できるでしょう。

現在この語は、広く自然環境に配慮した生き方や思想、運動を指して使われ、「家政」あるいは「家政学」とも深くつながっています。

自然のおきて

7　総合的《インテグラル》なエコロジーは、いのちの営みと、それを可能とする環境条件を主題とした学びと実践である、エコロジーの一種です。そこでは、神との、他者との、自然との、そして自分自身との、調和ある関係がすべて取り上げられ、しかもこれらのかかわりが相互に分かちがたく結びつき、互いに影響を及ぼし合っているという事実を忘れることはありません。本書で用いられる「エコロジカルな」という表現は、このような総合的《インテグラル》なエコロジーの概念を踏まえています。

「はじめに」でも指摘しているとおり、総合的《インテグラル》なエコロジーは、いつくしみとまことである神がお造りになったこの自然界にはどのような秩序が刻まれていて、それゆえどのような自然のおきてに従うべきなのかを自問させます。

またそこには、同じ創造主によって社会的本性を有する存在として造られたわたしたち人間とはいかなる存在であり、それゆえいかなる社会を目指すべきなのかという問いも含まれています。より人間らしい生き方を追求し、より人間的な世界を協働して構築していくのに必要な、包括的な現実把握や価値受容を促す知恵といえるでしょう。

環境問題ということばは通常、自然資源にまつわる諸問題を意味します。しかし、総合的《インテグラル》なエコロジーを踏まえつつ、人と自然との調和について考えることから出発するなら、そこに刻まれている秩序に沿って自然をケアする立場にあるべき人間が自然のおきてを破ることによって招いた、環境の劣化や悪化を指すことになります。

つまり、生態系の働きやいのちの営みを阻害し、自然とのしかるべきかかわりを損ねる、個人あるいは集団の習慣化した行為にこそ問題があるのです。

未然に防ぐ

8　今地球に起きている環境問題の解消や軽減に取り組むだけでなく、新しい問題が起きないよう未然に防ぐことも求められています。ですからなおのこと、環境問題が発生する以前の自然環境はいかなる状態であったのか、人間が生活していくうえで守らねばならない自然の秩序はどのようなものなのかをしっかりと理解し、侵してはならないこと、配慮すべきことを、まずは心に留めなければなりません。

洪水のようにあふれる情報にさらされる今日、こうした本来の姿を問い続ける意識的な努力なくして、マスコミ報道にも潜んでいる、イデオロギーや産業界の思惑による意図的な操作の影響から免れることは至難のわざです。だからこそ、「わたしたちは、その比類なき尊厳と知性のたまもののゆえに、被造界とそこに備わるおきてを尊重するよう促され」（ＬＳ69）るのです。

物質の循環

9　地球には、水や大気、そしてあらゆる物質が循環する仕組みがあり、人間のいのちもこの循環によって支えられています。必要な資源を地球から取り出すわたしたちは、時に汚染物質ともなりうる不要物を排出しながら活動していることを忘れてはなりません。

四十六億年もの歴史をもつこの神秘的な地球の仕組みを人間が知り尽くすことなど到底無理な話でしょうが、少なくとも、地球から取り出すことのできる資源やエネルギーは有限であること、人間が排出したものを浄化する自然界の能力には限りがあること、農作物や海産物などの糧は地球に備わる再生能力を超えない範囲で利用しなければならないことをわきまえておくべきです。

わたしたち人間は、自然界が備える物質の循環を損なわず、かえってそれを生かすよう地球から求められている、そういってもいいでしょう。そうしたことの根本を述べる使徒的勧告『ラウダーテ・デウム』（二〇二三年）の次の一文は、かみしめるに値することばです。

人間の生命や知性や自由は、わたしたちの惑星地球を豊かなものにする自然の要素であり、自然の内なる働きの、また、自然の平衡維持作用の一部です。（ＬＤ26）

環境の倫理

10　人と自然とのかかわりをさまざまな角度から掘り下げる環境思想は、自然界を多様ないのちの交わりの場として捉えるよう教えます。そして環境の倫理は、自然物を節度をもって取り扱うよう促します。

環境の倫理の基本的な主張は、目的や結果に加え、そこへと至る手段や方法が倫理的に受け入れられるものかを問題にする公正の観点も踏まえ、次のように整理し直すことができます。

・同時代に生きる人々の間の不当な格差を解消すべきとする「世代内の（共時的）公正」。

・将来世代の人々の人間的な生活の基盤を担保すべきとする「世代間の（通時的）公正」。

・人間以外の生物種に対する搾取的な扱いを遠ざけるべきとする「生命間の公正」。

人間は、いのちの営みの相互作用がもたらす秩序の美しさを価値あるものとして受け取ることができます。だからこそわたしたちは、自然に対する自分たちの振る舞いが倫理的に正当であるか、自らの人間性を貶《おとし》めてはいないか、そう自問するのです。

2　問題意識の多角性

信仰生活上の根本課題

11　キリスト者にとって環境問題への取り組みを考えるうえで大切なことは、いかに福音的な観点で捉えるかということです。

先行する神の愛があり、そこからすべてが創造される物語に見られるとおり、人間の生が成り立つのは、「神とのかかわり、隣人とのかかわり、大地とのかかわり」（LS66）によってです。その三つのかかわりをどのように生きていくかという「自分自身とのかかわり」（LS141）が、成長とともに、また生涯の歩みの中で、その人の生をその人のものとして成り立たせる四つ目のかかわりとして重要性を増してきます。

『ラウダート・シ』ではまず、キリスト者にとってもっとも重要な神との関係が語られ、環境問題に対する取り組みもまた、信仰の次元を含む重要課題であり、信仰生活上の根本課題であると述べられます。

十の問いかけ

12　さて、六章から成る『ラウダート・シ』は、第一章に入る直前で「回勅全体にわたって繰り返し現れるテーマ」として次の十項目を挙げています（LS16参照）。

(1)　貧しい人々と地球の脆弱《ぜいじゃく》さとの間にある密接なかかわり

(2)　世界中のあらゆるものはつながっているという確信

(3)　テクノロジーに由来する勢力の新たなパラダイムと権力形態の批判
(4)　経済や進歩についての従来とは別の理解の方法を探ろうという呼びかけ
(5)　それぞれの被造物に固有な価値
(6)　エコロジーの人間的意味
(7)　率直で正直な討議の必要性
(8)　国際的な政策および地域的な政策が有する重大な責任
(9)　使い捨て文化
(10)　新たなライフスタイル

『ラウダート・シ』の問題意識の多角性を見えやすくできればと考え、この十の問いかけを以下のように二つずつ組みにしてまとめ直してみました。

貧困問題と環境問題の根は同じ――(1)、(2)

13　これは、すべてのものはつながり合い影響し合うものとして存在しており、いのちの営みを危うくする影響関係こそが取り組むべき問題である、というエコロジカルな考えの表明といえます。

物事をばらばらに扱ってばかりでは、関係性を見逃し、根本的な問題解決につながらない対処、実効性の乏しい対策しか得られないのではないか、という教皇の懸念は、問題の「根」にまで下るよう招きます。自然環境の劣化によって真っ先に大きな苦境にさらされるのは貧しい人のいのちと暮らしである、という訴えは、実にエコロジカルな物の見方に基づいた現実認識です。

貧困問題と環境問題は別々の問題ではなく、同じ根をもつ一連の問題群であり、その解決には個々の根にまで届く抜本的なアプローチが求められるということです。

技術主義《テクノクラシー》の脅威——(3)、(4)

14 「政治は経済に服従してはならず、経済は効率主導の技術主義《テクノクラティック》パラダイムに身をゆだねてはなりません」(LS189)。

神から賦与された人間理性の輝かしい実りであるべき技術進歩を神格化し、あらゆる問題の解決を技術操作にゆだねようとする技術主義《テクノクラシー》こそが問題の根ではないか、というわけです。

こうした経済や政治を巻き込む技術主義《テクノクラシー》は、行き過ぎた人間中心主義を助長し、「刹那《せつな》的な利便性を何よりも優先し、他のすべては相対的なものと」する実践的相対主義に基づく「使い捨て」を横行させます（ＬＳ122、123参照）。そこでは、ある種の思考停止状態が蔓延《まんえん》しています。経済や進歩の真っ当さは、人のいのちはもちろん、人間以外の生命や、人間社会を支えている生態系をしかるべく重んじているか否かに懸かっている、などとは考えもしないのです。

人間に見合った責任――(5)、(6)

15　創造されたすべてのものに備わる固有の価値を尊重しつつ、自然の中で人間本来の場に甘んずる健やかな謙遜と、生命の織物《ウェブ・オブ・ライフ》における自らの分に見合った責任を引き受ける喜ばしい節欲とを特徴とする、人間にふさわしいエコロジーの理解と実践が求められます。

それは、一人ひとりの人格が尊重される中で、自らの人格的完成の諸条件を見極め整える実践でもあります。そしてその諸条件は、将来世代をも含むすべての人間が、自らの生をその本性に従って全《まっと》うできるものでなければなりません。

生に資する率直な対話――(7)、(8)

16「今日、共通善に鑑みれば、政治学と経済学が、いのち、とくに人間の生に資する率直な対話に参加することが緊急に必要とされています」（ＬＳ189）。

健全な集団的意思決定には、信頼を養う交流の積み上げ、なかでも率直で正直な対話が欠かせません。データの改竄《かいざん》や捏造《ねつぞう》、情報の隠蔽《いんぺい》や剽窃《ひょうせつ》といった問題が頻繁に取り沙汰される社会にあって、そうした不正と袂《たもと》を分かつ明確な倫理的態度に裏打ちされた、責任ある開かれた対話や交流がどれほど重要であるかについては、あらためていうまでもないでしょう。家庭から各国の内政や外交に至るまで、健全な集団的意思決定が追求されなくてもよいところなど、どこにもないのです。

使い捨て文化からの脱却──(9)、(10)

17　責任ある開かれた対話や交流を重んじる文化は、諸教皇によって「対話の文化」と称され、また、健やかないのちとその喜ばしい交わりに向けてなされるという対話の本来性にも鑑み、「いのちの文化」とも呼ばれてきたものです。

現教皇は、安易に物を使い捨て平気で人を切り捨てる「使い捨て文化」からの脱却を企図した文化的な革命を呼びかけます。いのちあるものを、そのしかるべき営みを支える諸条件（＝環境）とともに取り上げ重んじるエコロジカルな文脈に立つ、「ケアの文化」への移行が呼びかけられます。こうした文化変容は、新たなライフスタイルを芽吹かせ、守り、育てることとなしには起こりえません。

また、そうしたライフスタイルの確立・維持・発展に資する知恵の泉となる「エコロジカルな霊性」は、健やかな謙遜や喜ばしい節欲の意義を体得させる「エコロジカルな教育」があって初めて、歴史の中に存在し続けることができるのです。

3　根本課題——人間性の刷新と共通善の拡充

人間の問題かつ社会の問題

18　『ラウダート・シ』以後も教皇フランシスコは、国や宗教や文化の違いを超えて対話の輪に加わるよう促し、国連の気候サミットや気候変動枠組条約締約国会議（COP）に向けて、またさまざまな機会を通じて、すべての人に地球環境の保護を呼びかけています。
環境問題は人間の問題であるとともに社会の問題であるという理解が広く共有されつつある中で『ラウダート・シ』が顕著に示しているのは、神との関係性のうちにある人間と社会のあるべき姿を踏まえ、信仰の次元に立って環境問題を理解しようとする姿勢です。

人間性の内的刷新

19　『ラウダート・シ』が指摘する根本課題は「人間性の内的刷新」といえるでしょう。エコロジカルな危機の原因が人間にあると率直に認めたうえで、人間の振る舞いの抜本的な改善が必要であり、そのためには人間性の内側からの刷新が欠かせないのだと指摘します。人間の本来のあり方からの逸脱が環境問題の原因であるならば、その解決には、人間が立ち止まって本来の生き方を確認し、そこへと立ち返らなければならないのです。

エコロジカルな危機*の兆候をいくら記述しても、その危機の人間的な根源を認めないなら、ほとんど意味がありません。人間のいのちと活動についてのある考え方が、わたしたちを取り巻く世界に深刻な傷を与えるほど、ゆがんでしまっています。わたしたちは立ち止まって、このことを熟考すべきではないでしょうか。この段階でわたしが提案するのは、支配的になっている技術主義《テクノクラティック》パラダイムと、人間とその行為が世界の中で占める位置とに、焦点を当てることです。（LS101）

＊『ラウダート・シ』では ecological crisis は「生態学的危機」と訳されていますが、本書内での表

現の統一を図るため、「エコロジカルな危機」に置き換えています。

人間性の刷新なしに、自然とのかかわりを刷新することは不可能です。適切な人間論なしのエコロジーなどありえません。（ＬＳ118）

これは『ラウダート・シ』の中のもっとも重要なメッセージといえるでしょう。環境問題を通して目に見えるものとなるエコロジカルな危機によって、わたしたちの人間性そのものが問われているのです。

共通善の拡充

20　『ラウダート・シ』を「社会教説」と位置づける（ＬＳ15参照）教皇は、人間性の刷新という根本課題を取り上げ、人は皆かけがえのない一己《いっこ》の人格であるがゆえにその基本的人権が保障されるべきであり、またそうした人権保障を可能とする共通善が追求されるべきであると訴えています。「全人的な発展に向けて譲渡不可能な基本的諸権利を賦与された人格として人間を尊重することが、共通善の原理の前提です」（ＬＳ157）。

人格の尊厳の尊重に根ざす共通善の拡充は、カトリック教会の社会教説の原点ともいえます。脆弱《ぜいじゃく》な自然への関心は、社会的に弱い立場に置かれた人々への関心と一つになってこそ本物になるのです。

人間環境と自然環境はともに悪化します。人間や社会の悪化の原因に注意を払うことなしに、環境悪化に適切に立ち向かうことはできません。実際、環境と社会の悪化は、地球上のもっとも弱い人々に影響します。（ＬＳ48）

『ラウダート・シ』は、総合的《インテグラル》なエコロジーについて、「社会倫理を統一する中心原理である共通善の概念と不可分なもの」（ＬＳ156）であると述べています。共通善とは、「集団と個々の成員とが、より豊かに、より容易に自己完成を達成できるような社会生活の諸条件の総体」（第二バチカン公会議『現代世界憲章』26、ＬＳ156に引用）であり、真に人間らしい社会を作り上げるためのもっとも重要な原理なのです。

つまるところ、共通善の要求は、社会的な平和、何らかの秩序がもたらす安定や安心であり、それらの達成は、配分的正義への格別の配慮なくしてはできません。配分的正義が損なわれるときはいつも、暴力がその後にやってきます。一つの全体としての社会、なかでも国家は、共通善を保護し促進する義務を負っています。（LS157）

この共通善の原理は、それが配分的正義への絶えざる配慮を伴うがゆえに、「すぐさま、論理的かつ不可避的に、連帯と、もっとも貧しい兄弟姉妹のための優先的選択」（LS158）を求めるものです。

また、共通善の概念は「将来世代をも広く視野に収めるもの」（LS159）であるため、世代間の連帯から離れて語られる持続可能な発展は正義に反する、とさえいわれます。

二　大地の叫びと貧しい人の叫び

行動変容への訴え

21　教皇フランシスコは、『ラウダート・シ』公布五周年にあたる二〇二〇年に総合人間開発省の責任の下で始められた「ラウダート・シ週間」を積極的に評価し、祈りや実践を通じ、ともに暮らす家である地球と弱い立場に置かれた人々の保護に取り組むよう呼びかけました。とくに気候変動については、『ラウダート・シ』において次のように述べています。

気候変動は、環境、社会、経済、政治、そして財の分配に大きく波及する地球規模の問題です。それは、現代の人類の眼前に立ちはだかる重大な課題の一つです。おそらく、今後数十年のうちに、開発途上諸国が、その最悪の打撃を味わうことでしょう。貧しい人々の多くは、温暖化がらみの諸現象にとくに影響されやすい地域で暮らしており、自然にある

ものや生態系の恩恵に大きく依存する農・林・漁業のような生業によって暮らしています。（LS25）

また、二〇二三年のアッシジの聖フランシスコの祝日には『ラウダーテ・デウム』を公にし、強い語調で気候変動がもたらす危機的状況に言及して、問題解決に必要な行動変容のさらなる緊急性を訴えています。

気候変動問題の中心である地球温暖化問題については、気候変動枠組条約（一九九二年リオ地球サミットで採択）とその条約締約国会議（COP）によって国際的な対策の枠組みが協議されてきました。二〇一五年のCOP21では、地球の平均気温の上昇を産業革命以前よりも二℃未満に保ち、できれば一・五℃に抑える努力をすること、今世紀後半には、世界全体の人間活動による温室効果ガス排出量を実質ゼロにすること（カーボンニュートラル）を目指す共通目標として、パリ協定が採択されました。

残念ながら、二〇一八年に発行された、気候変動に関する政府間パネル（IPCC）一・五℃特別報告書では、現状が続けば二〇三〇年にはすでに一・五℃の気温上昇に達するであろうことを指摘し、気温上昇を抑えるためには、二〇三〇年までに二〇一〇年比で世界全体のCO2排出量を約四十五パーセント削減することが必要であると述べています。この報告書をきっかけに、気候非常事態宣言（CED）を出す地方自治体が世界各地に急速に広がっていきました。

人的活動が招いた気候危機

22　国連は、多くの深刻な災害をもたらし、想定以上の速さで進んでいる現代の気候変動は、もはや気候危機なのだと表現しています。

国連広報センターによれば、気候変動の壊滅的影響を受けない場所などありません。気温の上昇は環境を破壊し、自然災害、異常気象、食糧と水の不足、経済の混乱などを招き、紛争やテロを助長します。海面は上昇し続け、北極氷原は融解し、サンゴ礁は死滅の危機にさらされ、海洋は酸性化が進み、森林は山火事で失われつつあります（国連創設七十五周年特設ウェブページ「Issue Briefs―さまざまな課題」参照）。

たとえば、極地と山地の氷河と氷床はすでに、これまでにない速さで融《と》け出し、海面を上昇させています。

人口五百万人を超える世界の都市の三分の二近くは、海面上昇のリスクにさらされる場所にあり、世界人口のほぼ四十パーセントは、海岸から一〇〇キロメートル圏内で暮らしているとされています。また、異常気象に関連する災害の頻度と激しさが増し、熱波や旱魃《かんばつ》、台風、ハリケーンが猛威を振るう現在、災害の九十パーセントが気象・気候関連とみなされています。世界経済は毎年五千二百億米ドルに上る損失を被り、二、六〇〇万人が貧困に追いやられているともいわれています（同参照）。

二〇二一年には、ＩＰＣＣ第六次評価報告書第一作業部会報告書によって、二〇一一年から二〇二〇年の世界の平均気温は、一八五〇年から一九〇〇年に比べて一・〇九℃上昇し、それが人間活動の影響であることに疑う余地はないことがはっきりと示されました。これを受けてＣＯＰ26が採択したグラスゴー気候合意により、国際社会は「気温上昇を摂氏一・五度に制限するための努力を継続することを決意」（環境省暫定訳）したのです。

1　富裕国の責任

経済格差の拡大

23　教皇フランシスコは『ラウダーテ・デウム』においても、ＩＰＣＣ報告書などの科学的根拠をもとに、温室効果ガス排出量の急激な増加に警鐘を鳴らしています。このような状況は「地球規模の社会問題であり、また人間の生命の尊厳に密接にかかわる問題」（LD3）であると述べ、米国司教協議会が発表した文書から次の箇所を引用しています。

わたしたちによる互いへのケアと地球へのケアとは密接に結ばれています。気候変動は、社会と地球共同体とが直面している最重要課題の一つです。気候変動の悪影響を被るのは、家庭でも世界中どこででも、もっとも弱い立場の人たちです。（LD3）

国連は、地球温暖化があらゆる人の食糧と水の安定確保に影響を与え、それが主として貧困層や弱者に及びがちなこと、また、世界の最富裕国と最貧国の経済格差をさらに広げる可能性を高めることを指摘しています。

「気候変動により、人々が貧困に追いやられ、貧困から抜け出せない要因が増えています。洪水は都市のスラム街を押し流し、家屋と生活を破壊する可能性があります。暑さは屋外の労働を困難にする可能性があります。水不足は収穫に影響する可能性があります。過去十年間（二〇一〇年～二〇一九年）において、気象関連の災害により毎年平均で推定二、三一〇万人が故郷を離れることを余儀なくされ、貧困に陥るおそれのある人々が増加しています。難民の多くは、気候変動の影響による被害を最も受けやすく、気候変動の影響への適応の準備が最も遅れた国で発生しています」（国連広報センター公式サイト、「気候変動と国連――気候変動の影響」）。

エコロジカルな債務

24　富裕国と貧困国の格差問題に本気で取り組むつもりなら、「エコロジカルな債務」についての確かな理解が求められます。債務を負うのは富裕国の側なのか、それとも貧困国の側なのか、そして、債権はどちらの側にあるのか、それを今一度考えてみなければなりません。

真の意味での「エコロジカルな債務」が存在し、なかでも世界の南北間におけるそれは大きく、環境に影響する貿易の不均衡や、ある国々によって長期間行われてきた天然資源の過度の使用につながっています。……いくつかの富裕国の莫大な消費が原因である温暖化は、世界のもっとも貧しい地域、とくにアフリカにその付けを回し、気温上昇と旱魃《かんばつ》が組み合わさって、農業に壊滅的な打撃を与えます。加えて、毒性のある固形廃棄物や有毒液体廃棄物の開発途上国への輸出と、資金を調達する自国では行うことのできない方法をも

って開発途上国で操業する企業が生み出す汚染とに起因する被害もあります。（ＬＳ51）

債務といってふつう思い浮かぶのは、貧困国が富裕国から借りるお金、つまり対外債務ではないでしょうか。しかしエコロジカルな債務は、経済的負債のことではなく、天然資源や自然環境についての負債を問題とします。経済的繁栄を遂げた多くの先進国は、天然資源や自然環境に恵まれた貧困国に対し、その資源利用についての借りがあるのです。つまり、借款《しゃっかん》のようなお金の貸し借りとは逆方向のものなのです。

こうした負債は、どのように返済すればよいのでしょうか。

生物圏の最重要指定保護区域を擁する開発途上国は、自国の現在そして将来を犠牲にして、富裕国の発展にさまざまなしかたで寄与し続けています。南半球の貧しい地域は、土地は豊かでほとんど汚染されてはいませんが、彼ら自身にとって不可欠な必要を満たす財や資源の所有権の獲得は、商取引のシステムや構造的に不当な所有制度によって妨げられています。先進国は、非再生可能エネルギーの消費を大幅に制限することや、持続可能な開発のための政策や計画への支援を通してより貧しい国に資することで、この債務の返済に貢

献しなければなりません。（LS52）

このように考えてくると、そもそもある国が富裕だとか貧困だとかいわれるのはどういう意味か、と問いただしたくなります。天然資源に恵まれているにもかかわらず近代工業が発展できていない貧困国が富裕国に債務を負っているとしても、その天然資源から受益する富裕国側もまた、貧困国に対し債務を負っているといえるのです。ですから富裕国はその富裕さをもって、貧困国に対し負債の返済をすべきなのです。

2　日本におけるエコロジー問題

環境問題からエコロジー問題へ

25　今日では気候変動と地球温暖化が環境問題の代名詞であるかのように広く語られていますが、環境問題は多種多様であり、その原因も複雑で多岐にわたります。

森林・緑地・河川等の保全・再生や生物の保護などにかかわる自然保護問題、フロンガス問題、森林枯渇、砂漠化、酸性雨、有害廃棄物の越境移動、地球温暖化と気候変動、生物多様性の減少、海洋プラスチックごみ問題、熱帯雨林の大規模伐採や食料の大量廃棄などの地球環境問題、化学物質・環境ホルモンなどの生物汚染問題を含む汚染・ごみ問題、さらにエネルギー問題や資源問題など、列挙し始めると切りがないほどです。

これに対して、自然環境の劣化や悪化が、いのちの営みを支える生態系の働きの阻害や生命体（生命活動）とその生息環境（必要条件）とのかかわりの不全をもたらすとき、それはエコロジーの問題となります。気候危機に代表される環境危機はエコロジカルな危機であり、人間の生き方や社会のあり方をその根底から問い直すエコロジーなくしては対処しがたいからです。

環境問題によって傷つき損なわれるのは、地球の自然と、そこでいのちをはぐくむ生きとし生けるものです。そしてその際、もっとも深刻な影響を先んじて被るのは社会的弱者であるという事実を忘れてはなりません。

エコロジー問題としての公害問題

26　そうした事実とその重みを、日本は、大きな痛みと苦しみの経験である公害を通じて、どの国よりもよく知っているはずです。

日本社会で環境問題が広く意識されるようになったのは、今から半世紀以上前のことです。四大公害病といわれる水俣病、新潟水俣病（ともにメチル水銀汚染）、四日市ぜん息（硫黄酸化物による大気汚染）、イタイイタイ病（カドミウム汚染）などは、人と自然に甚大な被害をもたらしました。

こうした高度経済成長期の公害問題が語られる機会も少なくなっていますが、決して公害が終わったわけではありません。ここでは水俣病について考えてみます。

経済発展優先の結果

27　水俣病は、手足の感覚障害、運動失調、求心性視野狭窄《きょうさく》などを主症状とする中毒性の中枢神経系疾患で、一九五六年（昭和三十一年）に公式に確認された公害病です。チッソ株式会社の産業活動で生み出された、有機水銀の一種であり毒性の高いメチル水銀を含んだ汚水が未処理のまま水俣湾に排出され、そうした有害物質が蓄積された魚介類を食べることによって発生しました。

また、母親から胎盤を経由してメチル水銀が胎児へ移行し、言語知能発育障害、運動機能障害などを示す子どもも見られました。これを先天性水俣病、あるいは胎児性水俣病といいます。

さらに、一九六四年ごろから新潟県阿賀野川下流域でも同様の症状を示す患者が発生し、第二水俣病または新潟水俣病と呼ばれています。

この公害病が、経済発展を最優先にすることで地方や社会的弱者の犠牲を招いた、高度経済成長期の日本の典型的な問題であることはいうまでもありません。

私的差別、公的差別、構造的差別

28　しかし、水俣の問題はそれだけのものではありません。水俣内外の私的差別（個人間で生じる暴力や誹謗中傷、排除・忌避など）、公的差別（公権力や公的機関による暴力や不平等、不当な取り扱いなど）と、構造的差別（制度や法律、規範や価値観など）とによって、家族や地域が崩壊し、人と人とのきずなが断ち切られ、社会環境が破壊されていったことも指摘されています。

「水俣病という公害は、日本の経済成長が産業発展を優先し、弱者、地方を犠牲にしたとしても、そこにとどまらない経過をたどって今日に至っているのであるから、むしろ、水俣病を巡って、あるいは水俣において、具体的に生起している個々の事柄、一人一人の患者や関係する人々、それらへの関わりの中から、社会や世界が見えると言った方が良い」（花田昌宣「水俣学研究の課題と水俣病事件の現在」〔熊本学園大学水俣学研究センター、『水俣学研究』第11号、二〇二二年三月、四四頁〕)。

こう述べられているように、水俣公害問題は、産業活動が自然と社会的弱者を著しく傷つけたということだけに存するのではありません。人々の差別意識や偏見、あるいは他者に対する無関心など、人と人とのかかわりの断裂の諸相に目を向けさせてくれる一つの契機としても存在し続けているのです。

エコロジー問題としての原発問題

29　また日本に暮らすわたしたちが環境問題について語る際、原発問題に触れないで済ますわけにはいきません。

二〇一一年三月の東日本大震災による福島第一原発の事故では、多くの住民が、家や仕事だけでなく、地域の人々、伝統、自然とのつながりなどを奪われ、大切ないのちの営み、人間としての尊厳が損なわれました。過酷な避難生活と被ばくへの不安から、心の病や孤独の苦しみ、立場の違いによる対立や分断、差別などの傷も残りました。

福島第一原発は今も、溶け落ちた核燃料（デブリ）の処理のめどが立たず、屋外の放射線量も高く、事故の収束にはほど遠い状態です。除染で出た土など廃棄物の処分方法、原発から出た放射性物質が残留する処理水の海洋放出など、政府の方針も問題視されています。

わたしたち日本カトリック司教団は、この人為による甚大な環境破壊というエコロジカルな危機を直視し、「いますぐ原発の廃止を――福島第1原発事故という悲劇的な災害を前にして」（二〇一一年十一月八日）、および「原子力発電の撤廃を――福島原子力発電所事故から5年半後の日本カトリック教会からの提言」（二〇一六年十一月十一日）という二つのメッセージを発表しています。

循環とは無縁の公害源

30　第一部一の「1　観想の心と事実を見る姿勢」において、人間を含めた地球のあらゆる存在は循環のうちにあり、人間の課題は、このすべてをつなぐ循環の輪を損なわずに生かすことであると述べました。

核燃料サイクルを中心に据える日本の原子力政策に関連して経済産業省・資源エネルギー庁は、半世紀以上の原子力発電利用によって、日本全国に約一・九万トンの使用済燃料を含む放射性廃棄物が存在していると公表しています（「令和三年度エネルギーに関する年次報告（エネルギー白書2022）」参照）。その廃棄物は十万年にわたって地下に閉じ込めねばならず、地殻変動の激しい日本では、処分適地を見いだすのは至難のわざと見られています。

つまり、原子核の分裂によって解放される膨大な核エネルギーの生産は、そもそも循環とは無縁であり、元に戻すことも、安全に保存することもできない多量の汚染物質を作り出すものなのです。それは、処理困難な危険物である放射性物質を負の遺産として次世代に押しつけるものであって、「公害源」であるといわざるをえません。

原子力の利用にあたっては、原料のウランを採掘する地域での環境汚染と被ばくが現在も続いています。原発行政においては、世界共通の倫理的問題があります。日本政府は最近、従来の「可能なかぎり原発依存度を低減する」という立場を翻して、原発再推進へと方針を転換し、国民の間に不安の声が上がっています。原発再稼働を加速させ、老朽原発の運転期間を延長し、新規原発建設を急ぐことが理にかなっているのか、わたしたちは識別を迫られています。

被ばくという「公害」

31　また核兵器開発も、その製造過程において、自然環境を汚染し、多くの人間を被ばくさせ、とりわけ、弱い立場に置かれた人々に多大な被害をもたらしうる「公害源」なのです。

二十世紀後半に世界各地で繰り返された核実験は、大地と海を汚染し、実験場付近の住民や施設で働く労働者などを被ばくさせました。度重なる核実験によって、地球全体が被ばくしたといいうるほどです。日本では、一九五四年の第五福竜丸事件をきっかけとして反核運動が起きますが、核実験には、いのちの危機を招来する環境汚染問題が内包されているのです。一九六三年にヨハネ二十三世が回勅『パーチェム・イン・テリス』の中で言明し、また二〇一九年に日本訪問中の教皇フランシスコも強調したように、核兵器は抑止力にはならず、世界に不安をもたらすばかりのものです。日本の教会には、核兵器のない世界の実現に向けて声を上げる人々と連帯しつつ、福島原発事故から得た原発廃止のメッセージを世界に伝える役目もあるはずです。

放射能による、自然と人間社会の汚染と破壊をこれ以上広げないため、しかるべき環境への配慮――いのちのケアに資する環境のケア――を培うよう求められているのです。

エコロジー問題としての基地問題

32　核兵器は、戦争勝利という軍事目的のために人命保護や自然環境への懸念を封じてしまいます。そしてまた、戦争は最大の環境破壊です。現代の日本においては、軍事と環境、またそれに伴う公的差別や人権問題が鋭く問われるのは、軍事基地が招くエコロジカルな危機においてでしょう。

ここでは、とくに軍事による環境の悪化が危惧される沖縄島の問題を見つめてみましょう。沖縄県には在日米軍施設・区域の約七十パーセントが集中し、住民の九割以上が居住する沖縄島においては面積の約十五パーセントを占めています。米軍の施設があることによって、軍人・軍属による事件や事故が住民に不安を与えているほか、戦闘機などによる騒音や排ガス、悪臭、基地や飛行機から漏れ出る有害物質による水質・土壌汚染、さらに射爆等の演習による自然環境への悪影響が懸念され、地域住民の苦情が絶えません。

にもかかわらず米軍基地に起因する事件や事故については、日米安全保障条約に基づく日米地位協定（一九六〇年調印）により、米軍に原状回復の義務はありません。また基地内への立ち入りには制限があり、日本側は事件や事故の調査を行うことができません。

米軍北部訓練場が位置する「やんばる（山原）」は、固有種のヤンバルクイナやノグチゲラなどを含む希少な生き物の宝庫です。また普天間基地の返還に伴う代替地とされ、県知事が承認を拒んだにもかかわらず、国の代執行により大量の土砂で海を埋め立てる工事が始まっている沖縄島東海岸の辺野古海域にも、多様な生物の生息が確認されています。これら生物への工事の影響や地域住民の生活環境の変化について、基地建設に反対する人々と日本政府の間で今もなお是非が問われています。

また、嘉手納や普天間基地、金武町のキャンプ・ハンセン周辺では、基地から流出した泡消火剤が原因ではないかと疑われる有害物質、有機フッ素化合物（PFAS）により飲料水や農産物が汚染され、住民の健康が心配される事態が発生しています。

分断を招く負担の押しつけ

33　平和主義を根本規範とする日本（日本国憲法前文および九条参照）が、他国の軍事基地の設置を永らく許していることの是非はあらためて問われねばならないでしょう。しかしともあれ、わたしたちにとって現在の沖縄基地問題の核心は、日本やアジアの安全保障という大きな問題から生ずる公的な負担を、沖縄の人々に一方的に押しつけていることにあります。
これらの基地の多くは、歴史的経緯から住民の土地を強制的に接収して造られました。それらが「本土」の中央からは遠く離れており、また人々を利権をめぐる分断状況に置き続けているのは、原発の場合と同じです。

米軍基地の業務遂行においては、米軍の軍事論理が万事に優先されて、たとえ事故や事件が起きたとしても、人々の人権はたやすく無視されてしまいます。そうした状態の是正について、日本政府をはじめとする行政機関は、積極的であるとはいえません。

民主主義と地方自治の危機

34　沖縄県民は、これ以上の基地負担はもうごめんであると、選挙や住民投票などの民主主義的手法で何度も民意を示してきました。しかし日本政府は、国策・国益のためには沖縄にどんな無理を飲み込ませてもよいというかのように、力づくでそれを押さえつけてきました。そこには、日本における民主主義と地方自治の危機という問題も透けて見えます。

こうした状態は、一八七二年に琉球国を廃して琉球藩とし、さらに一八七九年に琉球藩を廃して沖縄県を設置した琉球処分以来ずっと続いていると、多くの沖縄の人々は感じています。県民の四人に一人が犠牲になった太平洋戦争末期の沖縄戦を経て、沖縄が米軍の支配下に置かれたときに、日本政府は権限の及ばない国外として基地負担の犠牲を黙認し続け、施政権返還（一九七二年）後にも米国との関係の下でさらなる犠牲を強い続けています。

こうして沖縄はずっと政治的取引の道具にされてきましたが、歴史に示されている日本国の沖縄に対する植民地的な姿勢が、沖縄の人々を苦しめているともいえるのです。

沖縄には、「助け合う」「ともに栄える」を意味する方言「ゆいまーる」が示す、人間のきずなを大切にする文化があります。環境を破壊し、人間の尊厳やきずなを損なう軍事基地による安全保障という負担が沖縄の人々に押しつけられている状況は、日本に住むわたしたち皆で一刻も早く解消しなければなりません。

広範な展望の必要性

35　日本におけるエコロジー問題として、公害、原発、基地の三つの問題を取り上げました。そのどれもが複雑多岐な構造を有する、いのちとその環境の問題であるという事実を押さえておく必要があるでしょう。

しかもそうしたエコロジー問題への真っ当な取り組みは、社会や経済や政治への参加様式を含む自らの生き方全体を問いただすよう誘《いざな》う、総合的《インテグラル》なエコロジーの課題でもあるのです。他人ごととしてではなく、自分ごととして受け止め、しかるべき対処を可能にしてくれる「より広範な展望」（LS138、159）が必要とされるのです。まさに、「社会に向かう愛と共通善への取り組み」（LS231）が求められています。

尊厳ある人間性の自覚から生まれる責任ある市民性によって形づくられる文明を、教会は

「愛の文明」と呼んでいます。

社会に向かう愛は真の発展への鍵です。「社会をより人間的に、より人間にふさわしいものにするためには、政治、経済、文化の各レベルにおける社会生活の中で、愛を再評価し、すべての活動においてつねにもっとも権威ある規律とする必要があります」（『教会の社会教説綱要』582）。こうした枠組みの中で、社会に向かう愛は、日々のささやかな言動を重視しつつ、環境悪化を食い止め、また「ケアの文化」を促進し社会全体に浸透させる、もっと大掛かりな戦略を考案するようにとわたしたちを駆り立てます。（ＬＳ231）

3　ライフスタイルの転換を目指して

ライフスタイルの転換

36　前節では、すべてのいのちの豊かな交わりを阻むという意味で、気候変動をはじめ、わたしたちが避けて通ることのできない、広い意味での日本のエコロジー問題についても概観してきました。それらには、エコロジカルな危機の人間的な根源問題が垣間見られます。

しかしわたしたちは、いかにしてエコロジー問題に立ち向かえばよいのでしょうか。

それにあたっては、教皇フランシスコが呼びかける「ライフスタイルの転換」が求められるはずです。一人ひとりがライフスタイルの転換を目指し、改めるべきことを考えるためのヒントとして、すでに取り上げた自然のおきてに加え、環境問題の原因の構造的な理解が必要となります。

ささやかな配慮の積み重ね

37　気候変動問題への対策といえば、主たる温室効果ガスである二酸化炭素の排出量削減が求められ、二酸化炭素を排出しない再生可能エネルギーへの転換が俎上《そじょう》に載せられます。それが緊急不可欠の課題であることは確かですが、環境問題の原因は複雑で、エネルギーだけを問題にしていても埒《らち》が明きません。
たとえば、地球の表面積の七十パーセントを占める海は、汚染されれば二酸化炭素を吸収する力が劣化します。海をきれいに保つには、プラスチックごみ問題の解決だけでなく、生活排水についての配慮も欠かせません。実際、日本の水質汚染の原因の六十パーセントは生活排水です。

また、森林の減少によっても二酸化炭素の吸収量は減少しますから、緑を豊かに保つ取り組みは温暖化防止にとって大きな力となります。

つまり、水や緑は炭素吸収源でもあるのですから、自然環境を守るあらゆる行いが温暖化防止につながるのです。健全な生態系の働きや健やかないのちの営みから理解される自然のおきてを踏まえ、日常生活の中で日々ささやかな配慮を積み重ねていくことが大切なのです。

問題構造の理解

38　また、環境問題の原因の構造的な把握は、問題の本質的な理解の助けとなります。環境問題の主要な原因は、大量生産・大量消費・大量廃棄の構造であるといわれます。人間のこうした一連の活動は、自然がもっている浄化と再生の能力を超えるもので、自然のおきてである物質循環を阻害します。

日本の公害問題も、一連の汚染と廃棄の構造によってもたらされたものであり、環境問題の典型例だといえます。

使い捨て文化

39　『ラウダート・シ』は、汚染、廃棄物、使い捨て文化から環境問題を概観し、貧しい人々に健康被害をもたらす大気汚染問題を最初に取り上げています。人間の諸活動を促すパラダイムと効率主義が、人や自然の内在的な価値よりも経済効率を優先させることで、生態系への影響をおもんぱかることなく汚染と廃棄を繰り返していることが指摘され、社会的弱者が軽んじられ使い捨てにされていくことに警鐘を鳴らしています。

こうした問題は、使い捨て文化と密接につながっており、そうした文化では、ちょうど物がすぐゴミにされてしまうのと同様に、排除された人々が悪影響を被るのです。例を一つ挙げるとすれば、わたしたちが生産する紙の大部分は投げ捨てられ、リサイクルされてはいない、という事態です。自然の生態系の働きを手本にするということは、わたしたちにとって難しいのです。（LS22）

ファストファッションにみる大量生産・大量消費・大量廃棄

40　大量生産・大量消費・大量廃棄の構造をまとまりとして見るには、自然界からの原料調達に始まり、生産・消費・廃棄を経て、自然界へと返る「物の一生」（ライフサイクル）を丁寧に観る視点と、産業側や生産者側と消費者側とが影響を及ぼし合う「人と人とのつながり」を踏まえた視点とが求められます。

それは、わたしたちが衣食住で消費する身近な物について、その原料がどこで調達され、製品としてどのように製造・加工され、商品としていかに消費され、不要になった物がいかに廃棄・処分されているのかを、全体の構造として考察することなのです。

具体例として、代表的な身の回りの品である衣料品を取り上げてみましょう。

昨今、ファストファッションと呼ばれる業態が業績を伸ばし、世界中で営業展開しています。ファストファッションとは、大量生産した衣服を低価格で提供することで、消費者に製品の頻繁な購入を促すものです。消費と廃棄は表裏一体ですから、頻繁な購入すなわち大量消費は、大量の廃棄をも促します。そうした意味で衣料品は、大量生産・大量消費・大量廃棄の構造を色濃く反映する製品といえるでしょう。

先住民への構造的な暴力

41　こうした衣服の一生は、多種多様な環境問題を生じさせる構造について考えるための一例となります。

衣料品の大量生産は、原料であるコットンを大量に確保する必要があるため、大規模伐採による熱帯雨林の過剰開発を助長しがちです。栽培・調達、製造・加工の段階だけに限っても、近隣の水源に枯渇問題を生じさせるほどの水資源を必要とするほか、染料による水源汚染などの問題も発生します。また、生産拠点は通常、人件費の安い最貧国に置かれ、劣悪な条件下での労働力提供となることも少なくありません。

つまり、徹底的なコスト削減によって可能となる販売戦略と結託した大量生産は、途上国の自然と住民に、大きな負荷をかけ続ける人的活動ともなりうるのです。それを忘れてはなりません。

衣料品の原料に限らず、スマートフォンや家電製品に用いられる鉱物資源、化粧品や加工食品の原料となるパーム油、家畜飼料となる大豆やトウモロコシ、建築その他に使用される木材など、大量の資源の調達は熱帯雨林の大規模な伐採を伴うことが指摘されています。

教皇フランシスコは、使徒的勧告『愛するアマゾン』（二〇二〇年）でそれを取り上げ、警鐘を鳴らしています（QA9—13参照）。大規模伐採は、熱帯雨林で生を営む先住民族の居住環境や野生動物の生息環境を損ない、移住や移動を強いる結果を招くこともあります。

つまり大量生産は、自然界をあたかも原料供給地であるかのように貶《おとし》めるばかりか、その土地とのいのちをはぐくみ合う生き生きとしたかかわりを守ってきた先住民たちの文化と霊的な豊かさに対する、構造的な暴力ともなりうるのです。

ケアの文化

42　教皇はまた、「物を買うということは、つねに道徳的な行為であって単なる経済的行為ではない」（ＬＳ206）と指摘し、消費者に社会的責任の自覚を求めます。

回心し、よりエコロジカルなライフスタイルを身に着けていくには、危機的状況を引き起こす問題構造の中で、過剰な消費主義社会の使い捨て文化に支配されて生きている自分自身を自覚することをその第一歩とすべきだと思います。

人類がその行動を改めるには、政府や産業の政策転換が不可欠であることはいうまでもありません。しかし同時に、社会の一人ひとりがその価値意識を転換することなしには、エコロジカルな広がりをもつ「ケアの文化」をはぐくむことは不可能なのです（ＬＤ70参照）。

『ラウダート・シ』本文には、「ライフスタイル」という語が二十三回も登場します。ライフスタイルの転換には、無自覚な振る舞いがもたらす自然界や社会的弱者への負荷や悪影響についての気づきや目覚めが必要です。また、環境問題の本質を露わにする汚染、廃棄物、使い捨て文化についての理解から、過剰消費と過剰廃棄を見つめ直すことも求められます。

脱炭素社会

43　世界も日本も二〇五〇年までの脱炭素社会実現を目指しています。日本では、二〇一八年に気候変動適応法が施行され、二〇二〇年には、二〇五〇年までに温室効果ガスの排出を全体としてゼロにするカーボンニュートラルを目指すとの宣言がなされました。

パリ協定目標達成と脱炭素の実現に向け、再生可能エネルギー、海洋環境の保護、資源循環の推進など、あらゆるところでの劇的な転換が不可欠であるのは当然ですが、個々人の生活に対しても大幅なＣＯ２削減が求められることは科学的にも明らかです。

そこで日本政府は、環境省主導により「デコ活（脱炭素につながる新しい豊かな暮らしを創る国民運動）」を展開するとともに、ライフスタイル転換のための取り組みとして「ゼロカーボンアクション30」を掲げて、日常生活におけるエコ実践を全国的に推進しています。

エシカル消費

44　先のファッション業界においても、衣料品の生産から着用、廃棄に至る全過程での環境負荷を考慮しての持続可能なファッションの模索と実現が欠かせません。

環境省や消費者庁は、生産者と消費者がそれぞれの立場から工夫できることを「サステナブルファッション」として提示し、大量生産・大量消費・大量廃棄の一方通行（リニア）型から、適量生産・適量購入・循環利用により廃棄量が少なくなる循環（サーキュラー）型へと、産業の構造を移行する取り組みを推進しています。

また、二〇一八年にはファッション業界気候行動憲章が発表され、国連気候変動枠組条約（UNFCCC）事務局のもとで、署名企業が連携した、二酸化炭素排出量削減に向けての取り組みも始まっています。

熱帯雨林の過剰開発問題については、国際的な認証制度「持続可能なパーム油のための円卓会議」（RSPO）も広く知られるようになりました。さらには、企業による環境配慮のみならず、原料調達から廃棄に至るまでの全過程に倫理的配慮がなされた商品を消費者が選ぶ、エシカル消費（倫理的消費）も求められています。

45　教会内の取り組みはもちろんのこと、こうした国レベルのアクションや地域コミュニティの諸活動など、さまざまなレベルでの取り組みに連帯することが求められます。問題構造の頑強さに押しつぶされずに、社会的責任を進んで果たす善意ある人々の群れに加わっていきましょう。

すべてのいのちを守る旅

ともに暮らす家を大切にする生活をし、地球のケアにつながる取り組みを展開している大勢の地球市民が、今も活動し続けています。そうした人々とともに、また、そうした人々に導かれながら、いつくしみとまことにあふれる創造主の心に思いを馳せつつ、忍耐と希望のうちに、「すべてのいのちを守る」旅をともにできるなら、どれほど喜ばしいことでしょう。

第二部

識別する

DISCERN

——信仰に照らされて識別する

46「識別する」とは、神の思いがどこにあるかを聴き取り、その思いに心を重ね、それにこたえる生き方を選ぶことです。

この世界の現状にあって神の思いがどこにあるのか、信仰の視点から見ると世界はどのような意味をもっているのか、思い巡らしてみたいと思います。わたしたちは何を中心とし、どんな価値観で生きるよう招かれているのでしょうか。

神の思いを知るには、みことば（聖書のことば）、教会や教皇の発表する文書、諸宗教・諸文化の知恵、人々との分かち合いなどに導かれながら、祈りの中で聞き、道を探ることが必要です。そのためには、沈黙や黙想の時間をもつことが大切になるでしょう。

また、判断や選びを方向づける回心の恵みは、心の清めと和解を伴います。識別とは、神の愛の交わりにあずかる歩みです。

識別は一度限りのものでも、特別な機会にのみ行われるものでもなく、信仰者が日常的に行う営みでありプロセスです。識別して歩みを進め、その歩みを振り返り、軌道修正や回心を繰り返しながら、わたしたちはキリストに倣う者として「地の塩、世の光」（マタイ5章参照）となっていくのです。

このような識別を、個人としても、共同体としても行うことが肝心です。

第二部では、識別のための導き（判断の基準）を求めて、聖書に示される創造主なる神の思いを探り、その思いにこたえて被造界を守り耕すように造られた人間の責任を確認します。そのうえで、エコロジカルな危機を直視する教会の基本姿勢の要点を紹介します。

一　時のしるしを照らし出すみことばの光

47　この地球を守っていくために人類は、今しなければならないことと、現在の経済、社会、文化のあり方とが、いかに懸け離れてしまっているかを考えていかなければなりません。教会には「時のしるしについて吟味し、福音の光のもとにそれを解明する義務」（第二バチカン公会議『現代世界憲章』4）が課されています。何が神のみ旨にかなうものであり、何がそれに反するものであるかを、祈りつつ見極めていかなければならないのです。

現代に生じているエコロジカルな危機は、まさに時のしるしであるといえるでしょう。時のしるしとは、危機の克服に向けて新しい道を切り開くよう招く好機の訪れでもあり、真面目な問いや丁寧な考察、そして開かれた対話を促す場とも空間ともなりうるのです。

キリスト者には、福音に照らしてそれを解釈し、しかるべき対処のあり方を見いだすための識別が求められています。

1　創造主の心

すべては神の愛の贈り物

48　『ラウダート・シ』は、「とくにキリスト者は、被造界にあっての責任と、大自然と創造主に対する義務とが、自分の信仰の本質的な部分をなすと悟」(教皇ヨハネ・パウロ二世「一九九〇年世界平和の日教皇メッセージ」、LS64に引用)るよう、聖書の知恵を語っています。

すべてのいのちは愛そのものである神から来ます。「神は愛です」(一ヨハネ4・16)。天と地にあるすべてのもの、すなわち天体、あらゆる動植物、とくに、神ご自身にかたどられた人間は、その愛の贈り物なのです。「地とそこに満ちるもの、世界とそこに住むものは、主のもの」(詩編24・1)、「すべての人にいのちと息と、その他すべてのものを与えてくださる……神は、一人の人からすべての民族を造り出して、地上の至るところに住まわせ、季節を決め、彼らの居住地の境界をお決めになりました」(使徒言行録17・25—26)。神の愛が、創造されたすべてのものを動かす原動力なのであり、被造界は愛の秩序にあずかっています。

まさに「地は主のいつくしみに満ちている」（詩編33・5）のです。「主はすべてのものに恵みを与え、造られたすべてのものをあわれんでくださいます」（同145・9）。

「すべてを支配する」ことの正しい理解

49　人間は「神にかたどり神に似せて造られた」（創世記1・26参照）者として、地を「従わせ」（同1・28）、「そこを耕し、守る」（同2・15）役割を神から与えられました。「海の魚、空の鳥、家畜、地の獣、地を這《は》うものすべてを支配させよう」（創世記1・26）との聖書のことばについては、近代になると、人間が科学技術の力によって自然を支配し搾取してもよいという意味に解され、環境問題の原因を作ったのは聖書とキリスト教であるとの誤解が生じることもありました。

しかし、人間が神からゆだねられた支配とは、いのちある被造物を世話し、いのちをはぐくむ大地を「耕し、守る」（創世記2・15）者としての役割を果たすことです。創造の目的は、人間が神の似姿として、神との交わりをもって働くことで、世界が「いのちの家」となることだからです。

被造物のよき世話人となることについて、キリスト教ではスチュワードシップという語を用いて表すことがあります。一般的にこの語は、委託されて財産を管理することや受託責任を意味します。キリスト者にとって被造物のよい世話人であることは、創造主の愛と創造の目的を知り、イエスに倣って神の愛の贈り物をこの地上ですべての被造物と分かち合うことだといえます。

創造のわざを賛美する

50　「あなたは地に臨んで水を与え、豊かさを加えられます。神の水路は水をたたえ、地は穀物を備えます。あなたがそのように地を備え、畝《うね》を潤し、土をならし、豊かな雨を注いで柔らかにし、芽生えたものを祝福してくださるからです。……牧場《まきば》は羊の群れに装われ、谷は麦に覆われています。ものみな歌い、喜びの叫びをあげています」（詩編65・10―14）といわれるように、神は人間にその労働を通して自分のいのちを養うための作物、家畜や海の幸を豊かに恵み、生きる喜びを与えてくださいます。

それゆえ詩編作者は、創造主なる神への賛美をさまざまに歌います。

日よ、月よ　主を賛美せよ。輝く星よ　主を賛美せよ。天の天よ、天の上にある水よ　主を賛美せよ。主のみ名を賛美せよ。主は命じられ、すべてのものは創造された。

（詩編148・3―5）

イエスと創造のわざ

51　『ラウダート・シ』は、イエスは「被造物に対する神の父としてのかかわりを悟るよう」弟子たちを促したと述べています（LS96参照）。地上での生活の中でイエスは、好意と驚きに満ちたまなざしをもって自然に触れ、神の被造物への優しい養いについて語ります。

空の鳥をよく見なさい。種も蒔《ま》かず、刈り入れもせず、倉に納めもしない。だが、あなたがたの天の父は鳥を養ってくださる。

（マタイ6・26）

そして「わたしはよい羊飼いである。よい羊飼いは羊のためにいのちを捨てる。……羊もわたしの声を聞き分ける。こうして、羊は一人の羊飼いに導かれ、一つの群れになる」（ヨハネ10・11、16）といわれたように、人々の身体と魂をいやし、解放と自由を与えました。それは「わたしの父は今もなお働いておられる。だから、わたしも働くのだ」（ヨハネ5・17）といわれるとおり、神の創造の働きを目に見えるものとなさることでした。

被造界との調和に生きるイエスは、愛情深く、野の草（マタイ6・28―30）や花（ルカ12・27―28）、麦畑（マタイ12・1）、ぶどう園（マタイ20・1）、ぶどうの木（ヨハネ15・1）などについて語っています。イエスは、日々天の父のいつくしみに信頼し、簡素な生活を送っていました。『ラウダート・シ』はイエスが聖化した労働が、人間の成熟にとって特別の意義をもつと指摘します（LS98参照）。

創造のわざと宇宙

52　新約聖書はさらに「万物は御子によって、御子のために造られました」（コロサイ1・16）と述べ、全被造界の始まりと将来が、キリストの神秘と密接に結ばれていることに目を向けさせます。

初めにことばがあった。ことばは神とともにあった。ことばは神であった。このことばは、初めに神とともにあった。万物はことばによって成った。成ったもので、ことばによらずに成ったものは何一つなかった。ことばの内にいのちがあった。いのちは人間を照らす光であった。

（ヨハネ1・1―4）

福音記者ヨハネは、神の創造のわざと、神のことば（ロゴス）であるイエス・キリストとのかかわりを観想することへと招きます。神のことばは、「神がすべてにおいてすべてとなられるため」（一コリント15・28）に、自然界のうちに働き続けています。

宇宙を貫くキリストの神秘

53　『ラウダート・シ』の副題である「ともに暮らす家を大切に」も含意しているように、エコロジーとは、オイコス（家）を守る知恵であり、語源を同じくする「エコノミー（経済）」は、その家をいかに切り盛りしていくかという家政の知恵でした。それゆえ古代のキリスト者たちは、神の家の救いの歴史全体を「オイコノミア（経綸《けいりん》）」と呼び、神がそのよき創造を必ず完成に導いてくださると信じていました。

この展望を受け継いで『ラウダート・シ』は、宇宙は神の愛の表現であること、世界は神との出会いの場であること、罪とは被造界の調和を崩すことであること、被造物は人間が守るべき神からの贈り物であること、あらゆる被造物は神に向かっていること、キリストの神秘が宇宙のすべてを貫いて完成へと向かわせる原動力として働いていることを強調します。
ミサにおいて、とくに第四奉献文では、こうした創造から始まる救いの歴史の展望が示されます。

あなたは唯一のまことの神、
初めもなく終わりもなく、すべてを超えて光り輝くかた。
あふれる愛、いのちの泉、万物の造り主。
造られたものは祝福され、光を受けて喜びに満たされます。
……
聖なる父、偉大な神よ、あなたをたたえます。
あなたは、英知と愛によってすべてのわざを行われました。
ご自分にかたどって人を造り、
造り主であるあなたに仕え、造られたものをすべて治めるよう、
全世界を人の手におゆだねになりました。
人があなたにそむいて親しい交わりを失ってからも、

死の支配のもとにおくことなく、
すべての人があなたを求めて見いだすことができるよう、
いつくしみの手を差し伸べられました。
また、たびたび人と契約を結び、
預言者を通して、救いを待ち望むよう励ましてくださいました。
時が満ちると、あなたはひとり子を救い主としてお遣わしになりました。
聖なる父よ、あなたはこれほど世を愛してくださったのです。
御ひとり子は聖霊によって人となり、
おとめマリアから生まれ、
罪のほかは、
すべてにおいてわたしたちと同じものとなられました。
貧しい人には救いの福音を告げ、
とらわれ人には自由を、
悲しむ人には喜びをもたらし、
あなたの計画を実現するため、

死に身をゆだね、
死者のうちから復活して死を滅ぼし、
いのちを新しくしてくださいました。
わたしたちが自分に生きるのではなく、
わたしたちのために死んで復活されたキリストに生きるために、
父よ、御子は信じる者に最初のたまものとして
あなたのもとから聖霊を遣わしてくださいました。
聖霊は、世にあってキリストの救いを全うし、
聖なるものとするわざをすべて完成してくださいます。

2　人間の責任

創造の調和を乱す人間の罪

54　他方で教皇フランシスコは、わたしたちの目の前で起こっている環境破壊についての人間

の責任を強調します（LS第三章参照）。

第二バチカン公会議が、すでに次のように述べています。「人間は神によって義の状態に置かれたにもかかわらず、悪霊に誘われて、歴史の初めからその自由を濫用し、神に逆らい、自分の目的を神以外のところで達成しようと欲した。……人間は、しばしば神を自分の根源として認めることを拒否し、自分の究極目的に向けられているはずの秩序を破壊すると同時に、自分自身と他者および全被造物との間にある自らの完全な調和を破った」（『現代世界憲章』13）。

『ラウダート・シ』は、創造主と人類と全被造界の間の調和の乱れを、先に述べたように、神との、人間相互の、被造界との、自分自身との、関係の断絶から眺めます（LS10、66、210参照）。人類は、造られたものとしての限界を認めるのを拒み、神に取って代わろうとしています。

聖書は「それを食べると、目が開け、神のように善悪を知るものとなる」（創世記3・5）ことから始まる罪により、人類が正義と平和の要求を満たせずにいる状態にあると見ています。カインとアベルの兄弟殺しの物語（同4章）、「地上に人の悪が増した」（同6・5）ことから始まるノアの箱舟（同6～9章）やバベルの塔（同11章）の物語がそれを語ります。

「戦争、種々の暴力や虐待、もっとも脆弱《ぜいじゃく》な者の放置《ネグレクト》、自然への攻撃……が露わになっている今日のわたしたちの状況」（LS66）も、そうした調和の乱れの結果なのです。

ヨベルの年の祝い

55　この状態についての責任を認め、事態を改善する決意を新たにしましょう。そのためには、まず大地とその実りがすべての人に与えられたたまものであることを認識しなければなりません。

神は、ノアの箱舟の出来事に示されるように、人類に新たに歩み始める機会をお与えになりました。この再出発には、創造主のみ手によって自然の中に刻み込まれたリズムの回復と尊重が含まれていました。

イスラエルの人々は、七日ごとに安息日を確保するよう命じられ（創世記2・2―3、出エジプト16・23、20・10）、同様に、耕地にも七年ごとに種蒔《ま》きが禁じられる休息が与えられ（レビ25・1―6）、さらに四十九年が経つと「ヨベルの年」が祝われました（同10節）。それは、大地とその実りが、神からすべての人に与えられるたまものであることを思い起こし、大地の実りをとくに、貧しい人、寡婦《かふ》、孤児、外国人、寄留者と分かち合う感謝に満ちた祝祭、いのちを生かす交わりの回復といやしだったのです（同6―9節）。

人間の自然的、道徳的成り立ち

56　こうした聖書の見方は、近代以後の技術主義《テクノクラシー》に服する人間が、自然を仕事に必要な場所や素材としてしか見ないことで傷つけてきた、世界の内なる尊厳を見直すよう促します。「神は人間に地球を与え、その与えた本来の善なる目的を尊重して地球を用いるようお命じになっただけでなく、人間自身もまた神がお与えになった贈り物なのです。ですから、人間は神から授かった自らの自然的、道徳的成り立ちを大切にしなければなりません」（教皇ヨハネ・パウロ二世回勅『新しい課題』38、LS115に引用）。

自らの自然的、道徳的成り立ちに立ち返る回心、すなわちエコロジカルな回心に関連して『ラウダート・シ』は、環境問題に対する取り組みの土台となるエコロジカルな教育と霊性について集中的に語ります（LS第六章参照）。その中心にあるのはやはり「わたしたち自身の中での調和、他者との調和、自然やいのちある他の被造物たちとの調和、そして神との調和といったさまざまなレベルで、エコロジカルな平衡を回復させ」（LS210）るという、エコロジカルな危機に関する共同責任の自覚です。こうしたエコロジカルな教育と霊性が、おのおのが生きている分野で和解を求めながら超越者に向かう跳躍を助ける倫理の基盤となります。

被造界との健全なかかわり

57　そのような生き方の模範とされるのが、アッシジの聖フランシスコです。聖フランシスコは、「被造界との健全なかかわりが、全人格に及ぶ回心の一面であること」（LS218）をあかししてくれました。この回心は、惜しみなく大切にする心と、優しさに満ちた心の双方を培ってくれる、さまざまな態度を求めています。まずそれは、感謝、そして見返りを求めないこと、世界は愛のこもった神の贈り物であるということと、わたしたちは自己犠牲と善行を通して神の惜しみない心に倣うようそっと呼びかけられているということとを、正しく認識することだと教皇は説明します（LS220参照）。

わたしたちは他の被造物から切り離されているのではなく、万物のすばらしい交わりである宇宙の中で、他のものとともにはぐくまれるのだということを、愛をもって自覚することです。……エコロジカルな回心は、各信者が神からそれぞれ授かった固有の能力を伸ばすことを通して世界の諸問題を解決し、神に「喜ばれる聖なる生けるいけにえとして」（ローマ12・1）自分をささげることができるよう、豊かな創造性と熱意を注ぎます。（LS220）

よいサマリア人の模範

58　こうした回心はまた、教皇フランシスコの回勅『兄弟の皆さん』（二〇二〇年）のメッセージである兄弟姉妹愛と社会的友愛の精神につながります。アッシジの聖フランシスコの記念日の前日に、その墓前で発表されたこの回勅は、コロナ・パンデミックによる世界危機の最中に、だれも一人では自分自身を救えないと思い知らされたわたしたちが、「兄弟愛を望む世界」を「ただ一つの人類家族として、等しく生身の人間である旅人として」（FT8）夢見るよう招いています。

同回勅はさらに、民主主義、自由、正義の解釈がゆがめられ、利己主義が助長され、共通善への無関心がはびこり、利益追求と切り捨ての文化に基づく市場論理の支配が拡大した中で、失業、人種差別やヘイト・スピーチ、貧困、権利の不平等、そして人身取引・女性への抑圧・強制堕胎、臓器売買などが横行する現実を、そしてまた核兵器や戦争により平和が脅かされている状況を見つめます。このような世界の闇に対してわたしたちにできるのは、よいサマリア人の模範（ルカ10・25以下）を思い起こし、先入観や個人的な利害を乗り越え、皆で他者に寄り添うことです。

三位一体の神の交わりにあずかる

59　ところで、こうした回心を妨げる技術主義《テクノクラシー》のメンタリティの背後には、神に対するイメージの偏りがあったといえるかもしれません。すなわち、全知全能ですべてを支配する力の神は見ていても、愛の交わりの神を見ずにいたのではないか、ということです。わたしたちは、神が与えてくださるいのちのうちに生きているのです。

わたしが来たのは、羊がいのちを受けるため、しかも豊かに受けるためである。（ヨハネ10・10）

わたしはぶどうの木、あなたがたはその枝である。人がわたしにつながっており、わたしもその人につながっていれば、その人は豊かに実を結ぶ。（ヨハネ15・5）

そしてミサにおいて、わたしたちは大地の実りを神にささげるとともに、イエスご自身をいのちそのものとしていただきます。第四奉献文で司式司祭は、パンとぶどう酒の祝福の後、三位一体の神に向けて次のように祈ります。

父よ、
あなたが教会にお与えになったこのいけにえを顧《かえり》み、
この一つのパンと杯を分かち合うすべての人を、
聖霊によって一つのからだに集めてください。
キリストのうちにあって、
あなたの栄光をたたえる生きたささげものとなりますように。
……
いつくしみ深い父よ、
あなたの子であるわたしたちすべてを顧み、
……
あなたの国で、約束されたいのちにあずからせてください。
その国で、罪と死の腐敗から解放された宇宙万物とともに、
主キリストによって、

あなたの栄光をたたえることができますように。

わたしたちにとっていのちは、神の愛の交わりです。教皇フランシスコは『ラウダート・シ』を締めくくる「被造物とともにささげるキリスト者の祈り」において、父なる神、御子なるイエス・キリスト、そして聖霊のそれぞれに注目して、三位一体の愛の交わりを見つめます。今、わたしたちに求められているのは、この祈りをかみしめ、神の愛の交わりにあずかることでしょう。

父よ、
あなたが造られたすべてのものとともに、あなたをたたえます。
すべてのものは、全能のみ手から生み出されたもの。
すべてのものはあなたのもの、
あなたの現存と優しい愛に満たされています。
あなたはたたえられますように。

神の子イエスよ、
万物は、あなたによって造られました。
あなたは母マリアの胎内で形づくられ、
この地球の一部となられ、
人間のまなざしで、この世界をご覧になりました。
あなたは復活の栄光をもって、
すべての被造物の中に今日も生きておられます。
あなたはたたえられますように。

聖霊よ、あなたはその光によって、
この世界を御父の愛へと導き、
苦しみにうめく被造物に寄り添ってくださいます。
あなたはまた、わたしたちの心に住まい、
善をなすよう、わたしたちを息吹かれます。
あなたはたたえられますように。

三一の主、
無限の愛の驚くべき交わりよ、
わたしたちに教えてください
宇宙の美しさの中で、
すべてのものがあなたについて語る場で、
あなたを観想することを。
あなたがお造りになったすべての存在にふさわしい、
賛美と感謝を呼び覚ましてください。
存在するすべてのものと深く結ばれていると感じる恵みをお与えください。

愛の神よ、
地球上のすべての被造物へのあなたの愛の道具として、
この世界でのわたしたちの役割をお示しください。
あなたに忘れ去られるものは何一つないからです。

無関心の罪に陥らせず、
共通善を愛し、弱い人々を支え、
わたしたちの住むこの世界を大切にできるよう、
権力や財力をもつ人々を照らしてください。
貧しい人々と地球とが叫んでいます。
おお、主よ、
すべてのいのちを守るため、
よりよい未来をひらくため、
あなたの力と光でわたしたちをとらえてください。
正義と平和と愛と美が支配する、あなたのみ国の到来のために。
あなたはたたえられますように。
アーメン。

二　時のしるしに目を凝らす教皇の奉仕職

60　次に、第二バチカン公会議以降のカトリック教会の基本姿勢の要点を示す、現代の教皇たちの発言を取り上げます。教導職すなわち教え導く務めを通して神の民に奉仕する教皇の、責任あることばです。そこには、時のしるしに目を凝らす自らの奉仕職への忠実さがうかがえます。

さて環境問題には、大気汚染、水質汚染、土壌汚染、森林破壊、砂漠化、気候変動、生物多様性の損失、ゴミ問題などに加えて、水、土地、森林、埋蔵鉱物、化石燃料などの枯渇といった資源問題も含まれます。

カトリック教会は、第二バチカン公会議のころから、そうした環境問題を万物とその創造主に対する人間のかかわりという文脈で受け止め、神の像として造られた人間の課題として自覚してきました。

神の像として造られた人間は、地とそこにあるすべてのものを治め、世界を正義と聖性のうちに支配し、また万物の創造主である神を認めて、人間自身と万物を神に関連づけるようにとの命令を受けた。こうして万物は人間に服従し、全地において神の名があがめられるのである。

（『現代世界憲章』34）

歴代教皇の倫理基準

61　歴代の教皇は、環境問題を考えるにあたり、次のような倫理基準に注目してきました。まずは「生命への畏敬」ですが、続いて以下のことが挙げられます。

——環境は人類全体の公共の財、共通の善であり、その世話つまり責任ある管理は、人類の普遍的な義務である、との自覚。

——天然資源には限りがあり、その一部は再生不可能である、という事実の真摯な受け止め。

——地球を荒廃させずに将来世代に手渡す義務がある、との認識。

——グローバルな環境の保護・保全におけるエネルギー問題の真剣な考慮。

——平和の構築と自然保護には密接な関連があり、戦争では著しく天然資源が浪費されることについての理解。

——ヒューマン・エコロジーにかなう生き方やライフスタイルへの転換。

（LS5、148、155、ヨハネ・パウロ二世回勅『新しい課題』38、ベネディクト十六世回勅『真理に根ざした愛』51参照）。

ヨハネ・パウロ二世とベネディクト十六世の二人は、年頭に全世界に向けて発する世界平和の日のメッセージの中で、フランシスコに先駆け、環境問題をエコロジカルな危機——生命体（生命活動）とその生息環境（必要条件）とのかかわりの不全——として位置づけ、広く倫理的な共同責任を帯びたエコロジー問題として取り上げています。

1　教皇ヨハネ・パウロ二世

環境保護活動に携わる人々の保護の聖人

62　「創造主である神とともに生きる平和、創造されたすべてのものとともに生きる平和」と題された一九九〇年世界平和の日教皇メッセージでヨハネ・パウロ二世は、エコロジカルな危機は倫理の問題であり、その克服は全人類の共同責任であると明言しました。

そのメッセージの末尾でも触れられていますが、同教皇はすでに一九七九年に、アッシジの聖フランシスコを「環境保護活動に携わる人々の保護の聖人」と宣言しています。アッシジの聖フランシスコこそがエコロジカルな霊性の先導者にふさわしいという判断は、同聖人をカトリック教会の霊的な伝統の傍流に留め置かず本流に据え直すことだともいえるでしょう。

次のことばは『ラウダート・シ』を彷彿《ほうふつ》とさせるものです。


聖フランシスコは、被造界の完全な姿を、真実にそして深く畏敬するという点でキリスト者の模範です。神のお造りになったもの皆に愛された貧しき人々の友聖フランシスコは、被造物すべて——動物も、植物も、自然の諸力も、そして兄弟なる太陽と姉妹なる月をも——に対し、主なる神に栄光と賛美をささげるよう招いています。わたしたちが神と平和な交わりを保っているならば、全被造界との平和を築くことによりよく貢献できるのだということを、そして全被造界との平和は人間どうしの平和と切り離すことのできない関係にあるのだということを、アッシジの貧者は感動的にあかししています。（同メッセージ16）

ヒューマン・エコロジーの真意

63　同教皇は、回勅『新しい課題』（一九九一年）の中で、自然環境の非理性的な破壊に加えて取り組まなければならない、より深刻な人間環境の破壊に言及しつつ、ヒューマン・エコロジーの真意を語りました（同回勅38―39参照）。

端的にいえば、ヒューマン・エコロジーとは「神から授かった自らの自然的、道徳的成り立ち」を踏まえた、学びであり実践です。賢慮、正義、勇気、節度をもって、人間本来のいのちの営みに立ち返ることともいえるでしょう。事実、人間のいのちの健やかな営みは、神から与えられている「本性的な尊厳と、それによってあらゆる社会秩序を超越して真理と善に向かう能力」をしかるべく生かすことなしには実現しません。それゆえ、真のヒューマン・エコロジーは、「真理に従って生きること」を妨げ、「十全な自己実現」を阻む抑圧をもたらす「罪の構造を打ち壊し、より正しい共同体生活に置き換える」不断の取り組みを含まざるをえないのです。

さらに同教皇は、ヒューマン・エコロジーの基盤となる家庭の重要性に触れ、「家庭において、人間は真理と善についての最初の概念形成を行い、愛することと愛されることの意味を学び、こうして一人の人間であることが実際に何を意味するのかを学ぶ」のであり、「家庭こそ、神の贈り物である生命がふさわしく迎えられ、振りかかる多くの攻撃から守られる場であり、真の人間的成長をもたらしつつ発展することができる場」として、「生命の文化の中心」であると述べています。

2　教皇ベネディクト十六世

天然資源の利用の三条件

64　ベネディクト十六世は、「平和を築くことを望むなら、被造物を守りなさい」と題された二〇一〇年世界平和の日教皇メッセージの中で、ヨハネ・パウロ二世と同様、「平和な世界を築くために自然環境を守ることは、一人ひとりの人、またすべての人に負わされた責務です。わたしたちは新たな、そして共同の取り組みをもってこの緊急の課題に立ち向かわなければなりません」（同メッセージ14）と述べ、また、「環境問題は、単に将来の環境悪化の恐ろしい見通しゆえに取り組むべき問題ではありません。愛と正義と共通善という価値に促された、真の世界規模の連帯の追求こそが真の動機となるべきです」（同10）と語っています。

このメッセージの中で同教皇は、天然資源の利用に関する条件を三つ挙げています（同8参照）。つねに心に留めて置くべき指針の一つだといえるでしょう。

一　直接得られる利益が、生物に悪影響を与えないこと（この場合、生物が人間であるか否か、現在のことか将来のことかは問題となりません）。

二　私有財産の保護が、富は万人のためという原理と対立しないこと。

三　現在と将来の人間のため、人間の活動が大地の生産性を奪わないこと。

社会全体の道徳的方向性

65　さらに同教皇は、回勅『真理に根ざした愛』（二〇〇九年）で以下のようにも述べています。

もし生存権と自然死への権利に対する尊重が欠けていれば、もし人間の受精、懐胎、および誕生が人工的なものになってしまえば、もし人間の胚が研究の犠牲にされるならば、社会の良心は、ヒューマン・エコロジーを、そしてそれとともに自然環境の生態系への配慮の考えを失うことになるでしょう。教育制度や法が、未来の世代が自分自身を尊重することができるようにしていないのに、それらの世代に対して自然環境を尊重することを要求するのは矛盾しています。自然とは、一つであり、分けることはできません。それは、環境だけでなく、生命、性、結婚、家庭、社会関係を包含します。一言でいうと、それは、人間の全人的発展を含むのです。（同回勅51）

同箇所において教皇は、教会には「被造界に対する責任をもち、公的領域でこの責任を主張する義務」があり、「何よりも自己破壊から人類を守らなければな」らないのだと述べていいます。そして、自然を守るには「社会全体の道徳的方向性」が問われるのだと訴えています。社会全体の道徳的方向性に根ざしつつ、人間固有の現実を、人間を含む一つの全体である自然界から切り離して取り扱うことの不当性を訴えないヒューマン・エコロジーはありえない、少なくともそうしたものをヒューマン・エコロジーと呼んではならないのです。

人間を天然資源を使用する存在として、それゆえにその使用責任を帯びる主体として明確に捉える同教皇は、ドイツ議会での演説で「人間のエコロジー（Ökologie des Menschen = ecology of man）」という表現を用い、そうしたヒューマン・エコロジーに触れています（LS155参照）。一人の人（生命個体）が、その存在を開始し、生まれ、成長し、老い、死に至る、人間固有のいのちの営みに必要とされる生息あるいは生育条件、健やかな人間的生を可能にする諸条件を調べ整える、学びと実践が今求められているのです。

3　教皇フランシスコ

総合的《インテグラル》なエコロジーへ

66　教皇フランシスコは『ラウダート・シ』において、「教皇ベネディクト十六世は、「人間にもまた、尊重すべき自然本性、ほしいままに操ることのできない自然本性がある」という事実に基づいて、「人間のエコロジー」について語りました」（ＬＳ155）と述べ、他の自然物と同様に人間存在も、遵守すべき自然のおきての下にあり、尊重すべきいのちの営みの輪に組み込まれているという事実を思い出させてくれます。そして、「自分の身体……の十全な意味の尊重を学ぶことは、真のヒューマン・エコロジーに不可欠の要素です」と指摘し、それは「自分の身体に対して絶対権力を有していると思いなすこと」（ＬＳ155）への警鐘ともなっています。

同じく『ラウダート・シ』で教皇は、貧困問題や格差問題も環境問題の構成要素ではないかと問いかけ、「『環境』について話すときにわたしたちが本当にいおうとしているのは、自然と、その中で営まれている社会とのかかわりのことです」（LS139）と語り、自然環境の問題と社会の問題はつながっており、切り離して考えてはいけないと述べます。

また、「生命体とその生育環境とのかかわりの研究」であるエコロジーは、「社会の存在と存続に必要な諸条件に関する考察と討議、そして開発と生産と消費の特定のモデルの問い直しに必要な正直さを必然的に伴う」（LS138）ものであることに目を向けさせます。環境問題の構造を根本から明らかにし、抜本的な克服や包括的な改善の方途を示しうる、総合的《インテグラル》なエコロジーの展望が語られるのです。

エコロジカルな認識と行動

67　「ある領域の汚染原因を突き止めるには、社会の仕組み、その経済のあり方、行動パターン、現実把握の方法についての研究が必要になります」（LS139）と率直に認める誠実さには、エコロジカルな認識と行動の基本姿勢が見て取れます。
「環境危機と社会危機という別個の二つの危機にではなく、むしろ、社会的でも環境的でもある一つの複雑な危機に直面している」わたしたちには、「さまざまな自然システム間の相互作用および社会の諸システムとの相互作用を考慮した、包括的解決の探求が不可欠で」あり、

「貧困との闘いと排除されている人々の尊厳の回復、そして同時に自然保護を、一つに統合したアプローチ」（LS139）が必要である、との指摘には大きくうなずかざるをえません。

自然との相互作用である経済、社会、文化

68　「わたしたちは自然の一部で、その中に包摂されており、それゆえ、自然との絶えざる相互作用の中にあります」（LS139）と語る教皇は、しばしば軽視され後回しにされがちな人間存在の重要な一面、すなわち自然の中での人間のしかるべき位置を自覚し直し、たえずそこへと立ち返るようにと呼びかけます。

前教皇たちの論点を発展的に継承する『ラウダート・シ』は、その中心である第四章で、「地球規模の危機のあらゆる側面を考慮することのできる展望」（LS137）を示しています。それは、経済、社会、文化、生き方、人間理解、連帯意識、そして祈りの心に至るまでの、健やかないのちの営みを支える諸条件を取り上げるもので、いのちのケアに注がれるまなざしともいえます。

そうしたエコロジカルな危機への、より広範な展望を伴うアプローチが、総合的《インテグラル》なエコロジーと名づけられたのです。

それは、人間であることのあらゆる次元を肯定し、人間の生のすべての局面を尊重しつつ、人間本来のいのちの営みに立ち返る道筋を照らす、ともに生きる知恵、ともに暮らす家を守り治める知恵なのです。

よりよい未来を開くために必要な力と光を注いでくださる神への信頼と希望のうちに、ささやかな努力を重ねていくよう、わたしたちは招かれています。

第三部

行動する ACT

——ともに生きるために行動する

69「一人ひとりに呼びかけます。わたしたちの住まいである世界との和解のこの旅路に加わり、それぞれ固有の貢献で世界をより美しくしてください」（LD69）。

教皇フランシスコは、責任ある関与を繰り返し喚起します。観て、識別したことによってわたしたちは、「行動する」ことに招かれています。行動には新しい活動を立ち上げることも含まれますが、日々の行いや習慣を省みることから始めてみるのが大切です。

自分の置かれている場――家庭、学校、職場、地域、信仰共同体など――に照らし、いかにライフスタイルを刷新すべきかを考えてみましょう。それは、"Think globally, act locally"（地球規模で考え、足元から行動せよ）という合言葉を交わし合いながら、環境問題への積極的な取り組みを誓い合う人々の善意の輪に加わることでもあります。

とりわけ信徒は、「それぞれが従事している労働の領域におけるさまざまな任務によって、信仰の真理と同時に教会の社会教説の真理を表現する」（『教会の社会教説綱要』551）ことを通して、社会の中で福音の奉仕者となるよう招かれています。

生活と信仰の調和、そこから生まれる実践には、霊性を培い、霊性から力を得ることが不可欠です（同545、546参照）。

第三部では、わたしたちの行動を支え導く「エコロジカルな霊性」と「エコロジカルな教育」とともに、カトリック教会の総合的《インテグラル》なエコロジーに基づく実践のヒント（行動の指針）を紹介します。

行動変容には、痛みや不便さが伴うこともあります。しかし、一人ひとりに具体的な決断が求められているのです。

一　責任ある地球市民として神の愛をあかしする

次世代のために美の種を蒔く

70　個人も、あらゆる共同体も、教皇が呼びかけるエコロジカルな回心を深め、ライフスタイルと日々の行動を見直し、次世代のために美の種を蒔《ま》くという創造主から託された使命を重く受け止めなければなりません。

教皇フランシスコは呼びかけます。「主は十字架からわたしたちに問いただしておられます。これからの生活を考え直すようにと、わたしたちを必要とする人々に目を向けるようにと、わたしたちの中で生きている恵みを深め、感謝をもって受け入れ、生かすようにと」（「特別な祈りの式におけるウルビ・エト・オルビのメッセージ（二〇二〇年三月二十七日）」）。

恐れ、貪欲、依存からの解放

71　わたしたちが招かれている行動は、個人のライフスタイルを変化させるだけでなく、生産と消費のあり方、政治などを含む、大きな変化を伴うものです。

その実施にあっては、存在するすべてが神からのたまものであることを心に留める必要があり（LS5参照）、単なる対症療法ではなく、わたしたちの心をどこに向けるかという「人間性の転換による解決」（LS9）を探すことが求められます。それは、「単に手放すことではなく、与えることを習得することです。……愛するという道、自分の欲しいものから離れ神の世界が必要とするものへと少しずつ移りゆく道です。恐れ、貪欲、依存からの解放です」（コンスタンチノープル総主教ヴァルソロメオス一世「ノルウェー、ウツタイン修道院での講演（二〇〇三年六月二十三日）」、LS9に引用）。

社会や教会の中で責任ある役割を与えられているキリスト者は、共同体のネットワークによって対処すべき課題があることも忘れてはならないでしょう（LS219参照）。社会の中ですでに起こっているよき取り組みに学び、文化や宗教を超えた連携をはぐくみながら、具体的な歩みを進めましょう。

すべてに対する神の愛のあかし

72　ここまで見てきたように、キリスト者にとって環境問題に見られるエコロジカルな危機を克服する取り組みとは、神がお造りになった被造界を壊してきた生き方からの回心であり、神とのかかわり、他者とのかかわり、大地とのかかわり、自分とのかかわりを改善していく歩みです。それは、人と被造物すべてに対する神の愛を生活を通してあかしすること、すなわち福音を生き、伝えていくことになるのです。これこそ福音宣教の基本です。

カトリック信者に、信仰から生じる動機を思い起こさせずに済ませるわけにはいきません。他の宗教を奉じる兄弟姉妹がたにも、同じように勧めます。本物の信仰は、人間の心を強めるばかりでなく、生き方を変え、わたしたちの目標を変え、他者へのかかわりや全被造界とのかかわりを照らし導いてくれることを、わたしたちは知っているのですから。（LD61）

一九八七年の第一回福音宣教推進全国会議（NICE《ナイス》）を経て日本の教会は、「信仰と生活の遊離」、また「教会と社会の遊離」を認識し、それぞれのつながりを深める歩みを続けてきました。今わたしたちは、神との和解、他者との和解、被造物との和解の実現に向けて、責任ある地球市民として神の愛をあかしする歩みをいっそう前進させなければなりません。

1　エコロジカルな霊性

再生のための長い道

73　こうした共有される未来への自覚を育て合う、「再生のための長い道」（LS202）をともに歩むよう教皇は招いています。その歩みに必要なエコロジカルな教育とエコロジカルな霊性について語る『ラウダート・シ』第六章の冒頭にある「文化的で霊的で教育的な重要課題」という語は、決して見逃しえないものです。

進路を改めるべき物事がたくさんありますが、とりわけ変わる必要があるのは、わたしたち人間です。わたしたちには、共通の起源について、相互に属し合っていることについて、そしてあらゆる人と共有される未来についての自覚が欠けています。この基本的な自覚が、新しい信念、新たな態度とライフスタイルを成長させてくれるでしょう。わたしたちは、文化的で霊的で教育的な重要課題に直面しており、再生のための長い道に踏み出すようにとの要求を突きつけられています。（LS202）

教義だけでなく、自分たちを鼓舞してくれる霊性がなければ、こうした高邁《こうまい》なことへの献身は果たせないと確信する教皇フランシスコは、キリスト教の霊性の豊かな遺産が内包している「人間性の刷新の力となりうる貴重な貢献」に期待し、「そのような霊性が、世界を守ろうとするわたしたちの意欲をいかに駆り立ててくれるかに」（LS216）心を向けていると述べています。

霊性――生きる知恵と力の泉

74　霊性について話すということは、心の世界について話すということでもあります。宗教をもつ、もたないに関係なく、存在する世界です。わたしたちは、さまざまな出会いや出来事を通して心の中でいろいろな感情を味わい、新たな気づきを与えられ、また、深い痛みを感じ、明るい望みを抱きます。

こうした心の動きは、生き方に影響を及ぼし、その歩みを方向づける大きな役割を果たします。これらの体験をしっかりと受け止めて思い巡らす中で、視野が広がり、心が豊かになり、世界における自分自身の位置づけについての新たな認識が生まれます。そして、生きとし生けるものとのきずなを深く感じるようになります。

自然を眺めるとき、その中に秘められている神秘を心で味わい、人々に出会うときにその喜びと苦しみ、希望と困難に共感をもつことによって、人間どうしの、また、すべての生き物との、深い連帯の中に生きていることに気づきます。いのちの神秘に対する深い感動を覚え、いのちを守りはぐくむため、何かをせずにはいられなくなります。ともにいる、ともに生きることの本当の意味が見えてくるのです。

霊性ということばは、こうした生きる知恵と力の泉のことを言い表しています。その力によってわたしたちは変えられ、環境問題への取り組みも支えられるのです。

愛によって授けられたいのち

75　キリスト者にとって信仰は、心の世界により深い土台を与えてくれるものです。いのちが「ある」だけでなく、いのちが「与えられている」という確信をもつようになり、深い感謝に導かれます。

わたしたちは、皆が与えられているいのちは愛によって授けられたものであり、愛のうちに完成されることを信じています。創造されたすべてのものとともに存在し、創造されたすべてのものと同じように、わたしたちのいのちは神に由来するのです。

信仰は、神の愛の神秘の体験へと導きます。わたしたちは他の被造物と違ってこれを認識し、いのちを与えてくださった神に感謝します。またこの感謝は、他の被造物に対する姿勢と行動を通して表明されます。自由にこの恵みにこたえるよう呼ばれているのです。

自然の美しさやいのちの神秘のすばらしさの観想は、神を賛美するよう導き、すべてのいのちを守る決意を新たにするよう招きます。また、創造主である神との、神にかたどって創造された他の人々との、同じく神の愛によって創造されたすべてのものとのつながりをより深く感じさせ、それらとの間の調和を保つように招かれていることを認識させます。そうして、自分の心のうちに深い平安が生まれてきます。

み心が行われますように

76　こうしたエコロジカルな霊性は、自分自身における調和、他者との調和、自然との調和、そして神との調和へと導くものです。この調和が保たれることは、創造主である神のみ心であり、このみ心が行われますようにと、わたしたちは毎日祈ります。

そこから基本的な問いが生じてきます。わたしたちのライフスタイルは、果たして、またどのような意味で、この調和を保ち、深め、確かなものとすることへの貢献になっているでしょうか。

エコロジカルな霊性から生じるこうした問いを前にして、わたしたちはエコロジカルな回心へと促されます。教皇が指摘するように、本当の自由は、消費に対する執着から解放されて、創造されたすべてのものとの調和を保ちながら生きる道を選ぶことにあるのです（LS203、223参照）。

次の聖句を味わい、与えられたいのちに感謝し、それをはぐくむ知恵と力を願いましょう。


あなたは存在するものすべてを愛し、お造りになったものを何一つ嫌われない。憎んでおられるのなら、造られなかったはずだ。あなたがお望みにならないのに存続し、あなたが呼び出されないのに存在するものが果たしてあるだろうか。いのちを愛される主よ、すべてはあなたのもの、あなたはすべてをいとおしまれる。

（知恵の書11・24―26）

2　エコロジカルな教育

動機づけや教育プロセス

77　今日、エコロジカルな危機に挑むために知識を伝授し能力を開発する、エコロジカルな教育の必要性は論をまちません。

しかしその教育は、エコロジカルな霊性の泉からわき出る、生きる知恵と力の恵みに浴させる、いのちへの奉仕でもなければなりません。渇きをいやし、生命力を高める水を得て木々は成長し、食用となる実を結び、薬用となる葉を繁らせます（エゼキエル47・12、黙示録22・2）。個々人の全人的な発達ばかりでなく全人類の十全な発展をも刺激する道を示し、いのちをはぐくむ糧や、健やかさを取り戻す薬をもたらし続ける、世代間の好循環を造り出す教育が求められるのです。

それゆえ、「キリスト教の霊的体験の宝庫」（LS15）の中に収められた、アッシジの聖フランシスコをはじめとするエコロジカルな霊性の宝を探すよう促す、動機づけや教育プロセスには大きな意義があります。

エコロジカルな教育は、そうした動機づけや教育プロセスをもって、「エコロジカルな市民性」（LS211）を創出し、ライフスタイルを変容させ、環境についての責任感を培います。それは、調和ある成長を支え、美への関心を高め、「ともに暮らす文化を創出し、周辺環境を尊重することを助けてくれ」る「ささやかな言動」（LS213）を促し、愛の行為となる行動や実践を引き出すものでしょう。

そうしたエコロジカルな教育にとって、家庭はとりわけ重要な場です。

わたしたちはまず家庭の中で、いのちに対する愛と敬意の示し方を学び、また、物を適切に利用すること、整頓することと清潔にすること、地域の生態系を尊重すること、すべての被造物を気遣うことを教わります。（LS213）

わたしたちが取り組む環境問題の解消や軽減、自然保護や環境保全が、家庭の中で学ぶことを端緒とできるなら、それはすばらしいことです。創造主が人間に託したみ心に従ってすべてのいのちを守るという課題の実践は、家庭から始まるのです。

ともに暮らす家である地球を大切にする人を育てようとの『ラウダート・シ』の呼びかけに耳を傾けるなら、それぞれの教会共同体は、もう一つの家庭としての役割を果たしうるものとなるでしょう。

ともに歴史を作るようにとの招き

78　すべてのいのちを守るという現代人の課題は、すべてのものをつなぐ循環の輪を損なうことなく、生命の織物《ウェブ・オブ・ライフ》を生かすことによって健やかないのちの世界をはぐくんでいくことであり、尊厳あるものとして造られた人間に託された使命と責任を真摯に受け止め誠実に果たすことだ、といえるでしょう。

それは、人間存在を構成する四つの基本関係（神との、他者との、自然との、自分自身との関係）の調和ある成長をはぐくみ合う総合的《インテグラル》なエコロジーの歩みを通して、ともに歴史を作るようにとの招きです。それこそが、連帯的な全人的ヒューマニズムに基づく、真の人類発展の道なのです。

課題を招きとして、危機を好機として受け止めるための自覚をはぐくむ助けになるよう、両親や教育者そして種々の社会集団——教会共同体もここに含まれます——は、エコロジカルな教育に関する自らの責任を再考するよう促されています。

根本的な変化をもたらしたいならば、特定の考え方がわたしたちの言動に実際に影響を及ぼしていることに気づく必要があります。人間や生命や社会についての、また自然とのかかわりについての新しい考え方を普及させる努力をしないかぎり、教育におけるわたしたちの取り組みは不十分で効果の乏しいものとなるでしょう。（ＬＳ215）

新しい普遍的な連帯

79　エコロジカルな教育は、人類家族の一致と持続可能な全人的発展を目指しつつ、皆がともに暮らす家を保護するという切迫した課題への真摯な応答です。被造界の濫用がもたらしてきた傷をいやすには、それぞれの文化や経験、自発性や才能に応じた協力に加え、自分たちが形づくろうとするこの星の未来についての新たな対話が必要となります。

ですからそれには、問題の否定や無関心から、冷ややかなあきらめや技術的解決への盲信にまで至る「妨害的な態度」に屈しない、「新しい普遍的な連帯」（ＬＳ14）が求められます。社会の構成員の大多数が十分な意欲をもち、責任をとる者へと変わり、無私でエコロジカルな献身ができるようになっていくには、「健全な諸徳」（ＬＳ211）と「自制心や進んで学び合う心」（ＬＳ210）とを培う、助け合いや協力が不可欠です。

優れたエコロジーには必ず、人々に、人間集団に、新たな習慣の展開を促すような、教育的側面が含まれています。（ＱＡ58）

3　環境教育に学ぶ

80「環境教育」は、環境問題に関して開かれた初の国際会議「国連人間環境会議」（一九七二年）において、その重要性が初めて公に議論されたといわれています。それにより、環境問題への取り組みには意識啓発が欠かせないことが確認されました。

その後、七十年代後半に開催されたいくつかの国際会議を通して、環境教育の基本的な目的が、認識、知識、態度、参加、技能（評価能力を含む）という五つのキーワードで整理されるなど、共通の枠組みが形成されていきます。

現代に至る環境教育の変遷を、『ラウダート・シ』は次のように説明しています。

環境教育はその射程を広げてきました。初期の環境教育は、おもに科学的情報の提供と意識の啓発と環境リスクの回避とを中心にしていましたが、現在では功利主義的な考え方を土台とする近代の神話（個人主義、限りなき進歩、競争、消費主義、規制なき市場）批判を含みつつあります。それはまた、わたしたち自身の中での調和、他者との調和、自然やいのちある他の被造物たちとの調和、そして神との調和といったさまざまなレベルで、エコロジカルな平衡を回復させようとしてもいます。（ＬＳ210）

日本の環境教育には、自然保護教育や公害教育などの系譜がありますが、問題自体やその理解の変化に伴い、環境教育についての考え方も大きく変化してきました。

持続可能な消費のための教育

81　公害問題が環境問題の中心とされていた高度経済成長期には、政府や産業側に対抗する視点が主流をなしていました。

これに対して現在では、グローバル化した世界経済市場の格差を背景に、一般市民もまた消費者として大量消費社会の問題構造に参加していることを踏まえて、すべての人のライフスタイルの転換が主要なキーワードの一つになっています。

大量生産・大量消費・大量廃棄の構造が、環境問題の主要な原因であることにはすでに触れましたが、わたしたちが消費者として参加することで大量消費を促し、かつ、結果として大量廃棄をもたらしていることの影響力も問われるようになっています。

教皇のことばに「物を買うということは、つねに道徳的な行為であって単なる経済的行為ではない」（LS206）とあるように、生産から廃棄までのプロセスに倫理的な配慮が施されているものを選ぶエシカル消費も、市民として求められるようになっています。大量消費社会において本来のあるべき構造への転換を促す、持続可能な消費のための教育も大切な視点です。

狭い意味での環境教育の目的は、生じている問題の軽減・解決と、起こりうる問題の未然防止とに大別されます。これに対して、より広い意味での環境教育は、しばしば価値教育であるといわれます。人と自然の本質的な豊かさを損なうことなく、しかるべく生かしうる社会を作り上げる責任主体であるわたしたちの生き方を本質的に問い直すものだからです。

環境問題を知ったからといって、エシカル消費を常とするようなエコロジカルな生き方ができるようになるとは限りません。本当にわたしたちをエコロジカルなライフスタイルへと向かわせ、エコロジカルなかかわりを生きることへと突き動かす教育が求められます。

こうした問題意識の広がりと、人が自ら手足を動かし参加・協働することで学びを深めるプロセスへの注目から、現在では、持続可能な社会作りのプロジェクトを創出すること、そのただ中に身を投じて人々と協働し歩むプロセスそのものを、広い意味での環境教育として捉えるようにもなっています。

市民性をはぐくむ教育

82　環境教育の実践では、問題からよりも、むしろ持続可能な循環型社会を目指す中での成功事例から学ぶ視点が重要です。そのような事例から学んで分かるのは、それが地球規模で俯瞰《ふかん》しながらも地域に根ざした実践であるということです。

問題のすべてが相互につながり合う中で、産業、暮らし、教育など既存の分野を、別個にではなく横断的に視野に収めることを可能にする持続可能な地域作り、地域循環共生圏（ローカルＳＤＧｓ）の取り組みも盛んになっています。そうした実践の担い手をはぐくむ教育、すなわち広い意味での市民性をはぐくむ教育（シチズンシップ教育）も、環境教育には欠かせない要素です。

持続可能な地域作りの視点は、人と自然とのかかわりを決定的に左右する地域固有の生態系への配慮をおのずと促します。また、地域に根ざすことで、人と自然との共生共存の知恵を豊かに含む文化から学ぶことへと促され、世代間での人と人とのつながりをも感じさせてくれます。

自身の生活の中で、過去から受け継いだ知恵のありがたさを実感すれば、将来世代への自身の責務についての自覚を強めることが容易になります。日常生活が展開されている地域社会には、自分とは異なる多様な立場の人がともに暮らしています。異なった価値観や宗教をもつ人々との協働の経験は、問題や違いの理解を促すだけでなく、ともに暮らす家を大切にするという共通の目標に向かって歩む原動力ともなってくれるでしょう。

そうした人々との協働による喜びの体験は、問題が山積する世界でも前向きに生きる希望を生みます。

ここでも、衣食住の基盤がある家庭こそが、基本であり原点であることを忘れるわけにはいきません。

日常生活の場を通じて毎日触れる自然の恵みに無頓着でいながら、水やその他の資源の循環不全に由来し、それを助長する、ゴミの問題に取り組むのは容易ではありません。手に入る資源に感謝し、それを大切にできる家庭は、資源循環の最小単位となる地区や町内レベルでの活動におのずと関心を向かわせてくれることでしょう。エコロジカルな社会は、こうした小さな組織の構成員のささやかでも丁寧な日常の営みによって支えられている、といっても過言ではありません。

4　ともに歴史を作る

平和へと向かう真の道

83　『ラウダート・シ』には、教皇が使徒的勧告『福音の喜び』（二〇一四年）ですでに言及している「平和と正義と兄弟愛をもって一つの民を形づくっていくための四つの原理」（EG221参照）が四つとも登場します。

「これら原理の適応こそが、各国および世界全体が平和へと向かう真の道であると、わたしは確信しています」（ＥＧ221）と述べる教皇の思いの強さは、『ラウダート・シ』にも感じ取れます。それは、「平和へと向かう真の道」を探りつつ「平和と正義と兄弟愛」（ＥＧ221）を慕って止まぬ民となって、ともに歴史を作っていこう、という呼びかけであるともいえるでしょう。

現実は理念に勝る

84　第一は「現実は理念に勝る」です。

これは、人を行動へと招くのは「現実から遊離した理念」ではなく「理性によって照らされた現実」であるとの認識です（ＥＧ232参照）。「全体を、また物事の間のかかわりを、そしてより広い地平を積極的に評価する姿勢」（ＬＳ110）です。「より複雑な問題、とりわけ環境と貧困に関する問題」や「環境悪化、不安、生きることやともに暮らすことの意味の喪失といった病的兆候」（ＬＳ110）を呈する具体的状況に対する、適切な解決策を見いだせる知的な習性、歴史を作るために必要な堅実さや賢明さを意味します。

そしてそれは、「専門化によるある種の孤立化や自らの学問分野の絶対化に導かれてしまったり、自らの言語に閉じこもりがちになったりする」（ＬＳ201）ことを回避させるための対話、「自然を保護し、貧しい人々を守り、敬意と友愛のネットワークを造るため」（ＬＳ201）の対話を通して、環境問題に効果的に立ち向かわせてくれます。

わたしたちが直面しているエコロジカルな危機の深刻さは、広く共通善に思いを致し、いのちへの愛と敬意のこもった対話を始めることなしに対処できるものではないのです。

全体は部分に勝る

85　第二は「全体は部分に勝る」です。
ただしこれは、「自らの個性を大切にし、アイデンティティを包み隠さない人が、温かい気持ちで何らかの共同体の一員となるときは、その人は存在価値を失うことなく、むしろその人自身の成長のための新たな刺激を受け続ける」（ＥＧ235）こととして示されるものです。

現代の環境問題は「人間や家族、労働や都市生活といった背景……からも、また、他者へのかかわり方や環境へのかかわり方にいずれ影響を及ぼす自分自身とのかかわり方」（ＬＳ141）からも切り離して分析することはできないものです。それゆえ緊急に必要とされる、「経済学を含むさまざまな学問分野を結集させることのできる、より全人的で統合的な展望に資するヒューマニズム」（ＬＳ141）、ともに歴史を作るために必要な十全な人間理解に立ち返らねばなりません。

時は空間に勝る

86　第三は「時は空間に勝る」です。

これは、「歴史において価値ある出来事として実を結ぶまで、社会の中に新たな動きを生み出す行為と、それを促進させる他者や他のグループとのかかわりを優先させる」（EG223）ことであり、「権力の座にしがみつくよりもむしろ歩みを進めるほうがつねに効果的」（LS178）だという立場、ともに歴史を作るのに必要とされる地道で着実な方針です。

一致は対立に勝る

87　第四は「一致は対立に勝る」です。

これは、「対立の表面からずっと深いところまで入っていき、尊厳への深い敬意をもって他者に目を向ける気高い人だけが」できる、「違いを残したまま交わりを広げること」（EG228）です。「双方が、自身の誤りを認め、共通善に向かう種々の相互作用を見いだすこと」（LS198）を可能とするこだわりなき自由であり、ともに歴史を作るために必要な謙遜です。

二　ともに歩み、ともに識別する教会共同体へ

88　ともに歴史を作っていくためのこうした資質や認識は、責任ある地球市民一人ひとりに求められると同時に、この世界に根本的な変化をもたらす「平和へと向かう真の道」（ＥＧ221）のしるしとして呼び集められた民の特徴、ともに歩み、ともに識別する共同体形成の条件でもあります。

シノダリティ

89　「かつては神の民ではなかったが、今は神の民であり、あわれみを受けなかったが、今はあわれみを受けている」（一ペトロ２・10）。この聖句は、不和やいさかい、分散状態や閉塞状態から解放され、尊厳ある民の一員にしていただいたことへの感謝を告白しています。愛と正義と平和の国をもたらす神のあわれみに希望を置く、新しい民が生まれたのです。

この民は、もはや人生の目的がより有利な立場やより大きな富にあるという考えにとらわれることなく、巨大な権力を前にして無力感に襲われ身動きできなくなることもない人々の、連帯によってつながっています。さらには、自然を搾取の対象とみなすおごり高ぶりから解き放たれて、健やかなかたちで次世代に受け渡すべきたまものとして、感謝のうちに享受する人々のきずなで結ばれています。

すべてのいのちを守る旅を、すべての人の救いのためにご自分をささげられた主とともに歩み、すべてを導かれる神への信頼にうちにあってともに識別しながら、共通善の拡充のために献身する教会共同体がそこにあります。

こうした共同体の識別は、受精から死に至るまで人のいのちを尊重すること、人間の尊厳を守ること、自由を愛すること、正義と被造界を心にかけること、家族のきずなや感謝と賛美の集いを大切にすることといった、基本的な価値を踏まえてなされます。立場や意見に重大な相違があったとしても、共通の望みに鼓舞されつつ、ともに携えて未来を切り開いていくことのできる、対話の文化がそこにあるのです。

元来ともに歩み、ともに識別する共同体である教会は、第二バチカン公会議の後、世界代表《シノ》司《ド》教会議《ス》を設立し、宣教司牧に関することがらや、地域特有の課題に関する会議を開いてきました。シノドスの語源はギリシア語の「シン・ホドス」で、「ともに歩む」「同じ道を歩む」という意味です。この、ともに歩むことを重視するアプローチをシノダリティと呼びます。

二〇二一年五月二十一日に開催が発表された第十六回世界代表司教会議《シノドス》は、信徒のレベルに至るまで全世界のカトリック教会が直接かかわっての、シノダリティを深める大切な一歩となりました。

ラウダート・シ・アクション・プラットフォーム

90　教皇フランシスコは、同年五月二十五日にビデオメッセージを出し、「ラウダート・シ・アクション・プラットフォーム」の立ち上げを発表しました。このプラットフォームは、「より受容性・兄弟姉妹愛・平和・持続性のある世界」を実現するため、バチカンの総合人間開発省により七年間にわたって提供されます。

具体的には、『ラウダート・シ』が教える重要なことがらを七つにまとめたラウダート・シ・ゴールズ（ＬＳＧｓ《エルエスジーズ》）に取り組むため、家庭、小教区や教区、教育機関、医療機関、各種団体、経済活動事業体、修道会という七つのグループが、それぞれの置かれた状況に合わせてラウダート・シ計画を作成し、実行するよう招くものです。

laudatosiactionplatform.org に登録することで、そのために必要な情報や多くの人が作成した計画などを入手することができます。

1　ラウダート・シ・ゴールズ

91　七つのラウダート・シ・ゴールズは、深刻なエコロジカルな危機にしかるべく対処する行動の指針となります。さらにこれらの目標は、わたしたちが神との、人間との、そしてともに暮らす家である地球との関係を作り直していく手助けともなるでしょう。すでに取り組みを始めているものもあるかもしれませんが、今一度それらを総合的《インテグラル》なエコロジーの観点から捉え直すようお勧めします。

①地球の叫びにこたえて

92　気候危機、生物多様性の喪失、エコロジカルな持続可能性、そのどれにも等しく対処しつつ、すべての人の人間らしい生のために、わたしたちがともに暮らす家を守るようにという呼びかけです。

具体的な実践としては、再生可能エネルギーの導入、エネルギー自給率の向上、カーボンニュートラルの達成、生物多様性の保全、持続可能な農業の推進、すべての人への安全な水の供給確保などがあります。

②貧しい人々の叫びにこたえて

93　受精から死に至るまでの人間のいのちと、地球上のあらゆる形態のいのち、それらを守る使命を自覚し、エコロジカルな正義を推進するようにという呼びかけです。

具体的な実践としては、弱い立場にある人々、たとえば先住民、難民、移民、危険にさらされている子どもなどを最優先にした、連帯を促す事業、社会システムの分析と改善、社会福祉制度などがあります。

③エコロジカルな経済へ

94　経済を、わたしたちがともに暮らす家―生命圏に包摂される人間社会を構成する、システムの一つとして捉える理解です。

具体的な実践としては、持続可能な生産と消費、倫理的な投資、化石燃料や地球と人間に有害な活動からの投資資金引き上げ、循環型経済への参画、ケア労働の重視、労働者の尊厳の保護などがあります。

④持続可能なライフスタイルを取り入れて

95　知足（足るを知る）の精神をもって、資源とエネルギーの節度ある使用を推進することです。

具体的な実践としては、ごみの削減やリサイクル、持続可能な食生活（植物性食品を増やし、肉類の消費を減らす）、公共交通機関の利用拡大、徒歩や自転車での移動、使い捨て製品（プラスチックなど）の回避などがあります。

⑤エコロジカルな教育を

96　エコロジカルな意識と、変化をもたらす行動とを醸成するため、カリキュラムや学習環境を総合的《インテグラル》なエコロジーの精神で見直し、刷新することです。

具体的な実践としては、公正な教育機会の確保、人権意識の向上、『ラウダート・シ』の問題提起の共有、エコロジカルなリーダーシップの奨励（学生だけでなく、教師に対しても）、生態環境の復元活動などがあります。

⑥エコロジカルな霊性で

97　エコロジカルな霊性は、被造物の美に、病者のため息や悩める者のうめきに、「あらゆる物事の中に神を見いだせるよう」促す霊性で、エコロジカルな深い回心からわき出るものです。この霊性は、霊的生活とこの世の現実とは切り離すことができない、という理解に基づいています。

具体的な実践としては、創造のみわざに心を向ける典礼祭儀や、すべてのいのちを守るよう動機づけるカテケージス、黙想会、養成プログラムの工夫などがあります。

⑦地域社会のレジリエンスとエンパワーメント

98　地域社会のもつ、困難から立ち直る力（レジリエンス）と、協力体制の底上げ（エンパワーメント）を生かして、地域の取り組みや住民参加の活動が、さまざまなレベルで、同じ一つの道をともにする（シノドス的な）歩みとなるよう目指すことです。

具体的な実践としては、権利擁護活動の推進、市民キャンペーンの展開、身近な自然環境や地域社会とのきずなを深め、帰属意識を強めることなどがあります。

2　ラウダート・シ計画

99　地理的、社会経済的、文化的な状況などによって、とるべき行動は変わってきます。ですから、これらの目標にどのように取り組むことができるのか、いちばんよく知っているのは皆さん自身です。家族や友達と、教会や修道院、学校や施設で、何ができるのかを話し合い、仲間とともに総合的《インテグラル》なエコロジーにかなう歩みをともにするための計画を立ててみるのもいいでしょう。

それぞれのグループ（家庭／小教区や教区／教育機関／医療機関／各種団体／経済活動事業体／修道会など）が、自分たちの経験を踏まえつつ、ラウダート・シ・ゴールズに取り組む年間行動計画を作成するためのガイドが、ラウダート・シ・アクション・プラットフォームには用意されています。

具体的な留意点

100　では、ラウダート・シ・アクション・プラットフォームに示されている留意点をいくつか紹介します。

【生活】

・使い捨て文化から、人や環境を守るケアの文化への転換。
・それぞれの地域の文化や、他宗教の伝統がもっている、自然との共生の知恵についての学び。
・グローバルな視点をもち、海外で製造された商品が、その過程で人を搾取したり、環境を破壊したりしている可能性を顧慮。食品や日用品の購入から輸送手段に至るまで、持続可能で倫理的な基準をもって選択する心掛け。
・ごみを減らすための5Rの実践。リフューズ（Refuse：断る）……マイカップ、簡易包装。リデュース（Reduce：減らす）……買いすぎない、作りすぎない、食べ残さない。リユース（Reuse：再利用）……リサイクルショップ、リターナル容器。リペア（Repair：修理）

……捨てずに修理。リサイクル（Recycle：再生利用）……資源回収、コンポスト。

【社会】

・移民、難民、避難民、困難な状況にある子どもや女性など、弱い立場に置かれた人々に寄り添う活動。

・社会的・文化的差別、とくに性差、人種、肌の色、地位、言語、信教による差別をはじめ、あらゆる差別の撤廃。

・政策提言活動の推進、市民キャンペーンの展開、決定権をもつ人々との対話。

・地域コミュニティへの協力や、近隣の生態系を守る活動。

・他の宗教や団体と協力した、地域の環境を守る活動。

・化石燃料や原子力など、将来の世代を脅かすエネルギーから、再生可能なエネルギーへの転換。

【経済】

・持続可能な生産と消費、たとえば地産地消やフェアトレードの推進。

・倫理と持続可能性に基づいた投資、化石燃料関連商品からの投資の引き上げ。

・労働者への正当な処遇が企業の持続可能性の条件となるための働きかけ。

【霊性】
・家庭や教会での、被造物とのかかわりの中で祈りを深める環境作り。
・教区や修道会が連携しての、エコロジカルな霊性の黙想会。
・祈り、詩、文章、音楽、絵画の制作といった、創造的な活動の促進。

【教会行事】
・毎年祝われる「被造物を大切にする世界祈願日」（九月の第一日曜日）、また「すべてのいのちを守るための月間」（九月一日から十月四日）に合わせ、神と、他者と、被造物と和解するためのプログラムを企画し実施。とりわけ、子どもや青年が楽しく参加できるプログラム。

【教育】
・まず家庭の中で、いのちに対する愛と敬意の示し方、被造物を気遣うことを学ぶ。
・教育や福祉の現場での、ＳＤＧｓ／ＬＳＧｓを参考にした、総合的《インテグラル》なエコロジーについての理解増進。また、総合的《インテグラル》なエコロジーについてのアニメーターの育成。
・司祭、修道者、信徒の、初期・生涯養成プログラムに、総合的《インテグラル》なエコロジーに関する学習を盛り込む。

【場所】
・自宅や教会関連施設の敷地内での、環境負荷の低減の試み（太陽光発電など）。
・神に心を向ける雰囲気作り、出会いやいやしの空間、他の生物が生息しやすい環境の整備。
【災害】
・教区レベルでの、防災、減災、災害対応の体制作り。

計画の進め方

101　続いて、小グループでの計画の進め方について紹介します。
【振り返る】
・ラウダート・シ・ゴールズの一つ一つについて、何がどの程度すでに実施されているのか、何が課題なのか、自分たちの状況に照らして話し合います。
【識別する】
・ラウダート・シ・ゴールズから見えた課題の、それぞれの原因を調べ、話し合い、記録します。

・自分たちのグループの基本理念や活動方針とラウダート・シ・ゴールズとが、どのように関連づけられるのかを話し合い、記録します。

【行動する】

・識別の結果に基づき、一年間の活動計画を作成し、実行します。

・活動の計画にあたっては、具体的で、実行可能なものとなるようにします。また一年の終わりに評価できるよう、活動のたびに記録しておきます。

【評価する】

・年度の締めくくりとして、どれほどのことを実施し、何を達成できたか、何が欠けていたか、また、何か新しい状況に対応する必要が生じたかなど、一年の間に行われた活動を評価します。

・次年度に向けて、新たに年間計画を作成します。

・可能であれば、評価を自分たち以外のグループと分かち合います。

【祝う】

・評価の後は、皆で集まり、ともに祈り、一年の歩みを神に感謝し祝います。

このほか、『ラウダート・シ』公布五周年に教皇庁から発刊された『ともに暮らす家を大切にする旅』（*Journeying Towards Care for Our Common Home*、邦訳はカトリック中央協議会のウェブサイト［https://www.cbcj.catholic.jp/］に掲載）からも多くの実践のヒントが見つかるでしょう。

おわりに

102　ここまで読み進め、また、他の人々と分かち合うことで、環境問題に取り組む重要性や緊急性を確認できたでしょうか。すぐに、何かをしなければならないと感じましたか。具体的な行動を取ることはとても大切です。ただ、行動について考える際には、すぐ取り掛からねばならないことが何であるかを見極めると同時に、それをより広い目標の中で位置づけてみる必要があります。

先に触れたように、教皇フランシスコは「時は空間に勝る」という原則をたびたび口にします。それは、目前の問題を解決しようとするだけでなく、救いの歴史の完成に向けて歩む道のりの中で、神が望まれることを実行していくことを意味しています。

環境劣化や自然破壊に見られるエコロジカルな危機という、人間の尊厳が損なわれた状態は、昨日今日急に出てきたものではありません。歴史を通じて「神から賜ったよきものをわたしたち人間が無責任に使用したり濫用したりすることによって生じた傷」（LS2）なのです。

「わたしたちは、後続する世代の人々に、今成長しつつある子どもたちに、どのような世界を残そうとするのでしょうか」（ＬＳ160）。環境問題への取り組みは一刻の猶予もない緊急事ですが、求められているのはその場しのぎの応急処置ではありません。わたしたちの意識や生き方を根本から見直し、あらゆる被造物とのつながりの中で、将来の世代を含むすべてのいのちが大切にされる世界の実現に向けて、ともに歩んでいく姿勢が必要とされているのです。

教皇は、ラウダート・シ・アクション・プラットフォーム立ち上げを発表したビデオメッセージの結びで、次のように述べています。

希望があります。皆がそれぞれの文化や経験、取り組みや才能を生かして協力することで、わたしたちの母なる地球はその本来の美しさを取り戻し、被造物は神が計画されたとおりに輝くようになるでしょう。

ラウダート・シ・ゴールズの七つの目標に具体的に取り組まなければなりません。

103　ライフスタイルの見直しといった個人的な取り組みとともに、他の人々と一緒に取り組まなければならない課題もあります。さらには、行政や政治の真剣な取り組みを強く求めなければならないことがらもあります。

また、自分の置かれている場——家庭、学校、職場、地域、信仰共同体など——において、何に、どのように取り組むかを見極める必要があります。祈りの中で光を求め、仲間との分かち合いを通して行くべき道を識別し、互いに支え合って、あきらめずに取り組んでいくよう心掛けてください。

本書と「ラウダート・シ」デスクのウェブサイト（https://laudatosi.jp/）は、そのためのさまざまなヒントを提供しています。ぜひ参考にし、活用してください。

104　気候変動はこれからも続くことでしょう。絶滅した種が戻ってくることはありません。また、弱い立場にいる人々が環境や社会問題の影響をより大きく受ける社会構造は、簡単に変わるものでもないでしょう。

しかし、それでもわたしたちは希望をもって、これまで歩んできた道をしっかりと振り返り、回心し、すべてのいのちを調和のうちに守っていきたいと思います。

神がわたしたちの取り組みを祝福し、道を示し、力づけてくださいますように。

すべてのいのちを守るためのキリスト者の祈り

宇宙万物の造り主である神よ、
あなたはお造りになったすべてのものを
ご自分の優しさで包んでくださいます。
わたしたちが傷つけてしまった地球と、
この世界で見捨てられ、忘れ去られた人々の叫びに
気づくことができるよう、
一人ひとりの心を照らしてください。
無関心を遠ざけ、
貧しい人や弱い人を支え、
ともに暮らす家である地球を大切にできるよう、
わたしたちの役割を示してください。
すべてのいのちを守るため、

よりよい未来をひらくために、
聖霊の力と光でわたしたちをとらえ、
あなたの愛の道具として遣わしてください。
すべての被造物とともに
あなたを賛美することができますように。
わたしたちの主イエス・キリストによって。
アーメン。

（二〇二〇年五月八日　日本カトリック司教協議会認可）

二〇二四年五月二十六日　三位一体の主日

日本カトリック司教団

用語解説

共通善（common good）

個人や限定的な共同体ではなく、社会全体によって目指される善のこと。人格としての人間の共同体を成立させる基本原理であり、諸人格が協働することによって、その追求に参与し、分かち合うことのできる善をいう。

政治と法の基本概念として、共通善の考えはギリシア古代哲学にまでさかのぼることができるが、中世にトマス・アクイナスによって神学の概念にも取り入れられた。その後、十九世紀に発展した教会の社会教説においては、重要かつ不可欠の価値となった。

『カトリック教会のカテキズム』は次のように解説する。「人間の社会的本性ゆえに、個々人の善は必然的に共通善と結ばれています。他方、共通善は個人を考慮することなしには決定されません」（1905）。「共通善とは「集団とその構成員とが、より完全に、いっそう容易に自己の完成に達することができるような社会生活の諸条件の総体」（『現代世界憲章』26）である、と理解すべきです」（1906）。さらに続けて、共通善の本質的要素として次の三つを挙げている（1907—1909）。

1　個人に対する、他ならぬその人であるがゆえの尊重

2　集団の社会的安寧と発展の追求
3　平和すなわち正しい秩序の持続や保全
ここから理解されるように、共通善とは個々の私的な善の総和でもなければ、私的善に対し犠牲を強いるような全体主義的な概念でもない。また、社会における公共福祉と——それを含むものではあっても——同一視されるものでもない。
グローバル化が進む現代世界にあっては、個々人が等しく尊厳を有する一つの人類家族のため、各人の役割に応じての共通善追求への参与が、すべての人に求められている。

回勅（Encyclical）
教皇が公布する公文書のうち（ほかに使徒的勧告、使徒的書簡、使徒憲章、大勅書などがある）、全世界のカトリック教会に向けて書かれた、教義、信仰、倫理、社会問題などに関する司牧教書的性格をもつものをいう。ただし、回勅のみがそうした性格をもつというわけでもない。
もともとは、君主からの通達、法の公布のための書状を指す語であったが、四世紀になって司教たちの回状の意で用いられるようになった。全カトリック教会に向けた教皇書簡の意で最初に用いられたのは、十八世紀中葉、ベネディクト十四世によってである。
回勅には通常「司教、司祭、助祭、男女奉献生活者、そしてすべての信徒の皆様へ」といった宛書があるが、ヨハネ二十三世の最後の回勅『パーチェム・イン・テリス』（一九六三年）以降、文書によってはそこに、カトリック教会の枠を超えて「善意あるすべての人」も加えられるようになった。さらに教皇フランシスコの『ラウダート・シ』や『兄弟の皆さん』には、一つの形式として継承されてきたこの宛書自体がない。つまり、垣根をいっさい設けることなく、あらゆる人へと向けられたものになっているのだともいえる。

社会教説（social doctrine／social teaching）

カトリック教会が社会問題について、公の立場をもって、考察の原理、判断の基準、行動の指針などを示し教えるものをいう。

教皇の回勅の中でこの社会教説にあたるものは社会回勅とも呼ばれるが、その嚆矢《こうし》はレオ十三世の『レールム・ノヴァルム』（一八九一年）だとされる。資本家と労働者の間の問題を取り上げるこの回勅において同教皇は、そうしたことがらを詳細に論じて信仰の真理にかなう解決の原則を示すことは、自分にとって「義務である」と述べている。

『カトリック教会のカテキズム』は、この十九世紀における社会教説の発展を以下のように解説している。「そのとき福音は、近代工業社会、消費財生産を目指す新しい社会構造、社会・国家・権威についての新しい考え方、新しい労働や所有の形態と直面するようになりました。経済・社会問題に関する教会の教えの発展は、教会の教えの恒久的な価値と同時に、つねに生きており活力に満ちた聖伝の真の意味を示すものです」(2421)。

産業革命の時代の変化を上回るかのような、今日の社会の急激な発展に伴い、社会教説が扱うべき問題はきわめて多様な広がりを見せている。ゆえに時のしるしの見極めは、科学的根拠を重んじる誠実さを抜きにしては、なしえないものともなっている。

第二バチカン公会議(Second Vatican Council)

公会議とは、教皇によって全世界の司教が招集され、教義や信仰生活にかかわることがらを決議する、カトリック教会内の最高会議をいう。三二五年の第一ニカイア公会議を起首とし、第二バチカン公会議まで都合二十一回開かれている。

第二バチカン公会議は、一九六二年にヨハネ二十三世によって招集され、その死後はパウロ六世に引き継がれ、一九六五年まで四会期にわたって開催された。二度の世界大戦後の社会構造の変化を踏まえ、教会と社会との遊離に真摯に向き合い、現代人との対話による教会の全面的な刷新を企図した会議である。そうした意味では、異端排斥をおもな目的としたそれまでの公会議とは大きく性格が異なっている。

教会の現代化(イタリア語で aggiornamento)を図ることにより、これまで交わりのなかったキリスト教諸教会との和解や諸宗教対話の道筋も示され、従来ラテン語にて挙行されてきた典礼の各国語化といった、画期的な刷新の実りもあった。

公文書として、『典礼憲章』『教会憲章』『神の啓示に関する教義憲章』『現代世界憲章』の四つの憲章と、九つの教令、三つの宣言が発表された（憲章がもっとも重要な文書）。これら文書は、今なお教会公文書で頻繁に参照され、現在の教会においても基本となる指針であり続けている。

現代世界憲章（Gaudium et spes）

他の三つとは異なり、教会内部の問題を取り扱うのではなく、現代社会の種々の問題を教会の立場から取り上げた憲章。その意味では、現代の要求にこたえ、現代人との対話を目指した公会議の精神が、とくに色濃く反映された文書であるともいえる。

「真に人間的なことがらで、キリストの弟子たちの心に響かないものは何もない」と序文に謳《うた》われ、「時のしるしについて吟味し、福音の光のもとにそれを解明する」という教会の担うべき義務を明確に表現している。

全体は二部構成で、第一部は人間とその世界に対する教会の態度を述べ、第二部は家庭、文化、経済、政治、平和など、現代社会における喫緊の課題を考察している。すなわち第二部は「永続的要素だけでなく、一時的要素からも成り立っている」（『現代世界憲章』注1）。そのようなことも影響し、この文書を「憲章」とすることに異議を唱える意見が多数出され、第一部のみを「憲章」とし第二部は「宣言」とする案なども提出された。しかし、公会議審議最終日に、今あるかたちをもって採択がなされた。

世界平和の日（World Day of Peace）

ベトナム戦争が激化する中、パウロ六世は一九六八年一月一日を平和のために祈る特別な日とするよう全世界に呼びかけた。これ以降カトリック教会では、一月一日（神の母聖マリアの祭日）を世界平和の日とし、毎年テーマを定め、平和を願い祈りをささげている。

この日にあたっては、教皇が毎年メッセージを公布する。パウロ六世はそのメッセージで、戦争に否を唱え、平和の大切さを訴え続けた。そうした精神は当然ヨハネ・パウロ二世にも引き継がれたが、東西冷戦が終結を迎えるころから、メッセージで取り上げられるテーマはより多岐にわたるようになった。人権、信教の自由、環境問題、諸宗教対話、経済格差、家庭、生命倫理など、それは教会の社会教説で扱われる問題全般を網羅しているともいえる。ちなみに二〇二四年の教皇フランシスコの同メッセージは、人工知能（AI）をめぐってのさまざまな課題をテーマとしている。

福音宣教推進全国会議（NICE: National Incentive Convention for Evangelization）

第二バチカン公会議、現代社会における福音宣教をテーマとした一九七四年の世界代表司教会議《シノドス》、一九八一年のヨハネ・パウロ二世訪日を経て、一九八四年に日本司教団は「日本の教会の基本方針と優先課題」を発表し、「福音宣教の強化と社会・文化の福音化の課題を最優先すべきことを再確認」した。そして、「教区、小教区を宣教共同体になるよう育成する」こと、「修道会、宣教会、諸事業体（学校、施設）と具体的な協力態勢を敷く」ことと並んで、全教区から司教、司祭、修道者、信徒が集う全国会議開催の準備に取り組むことを優先課題として宣言した。その具現化が、二度にわたって開催された福音宣教推進全国会議、通称ＮＩＣＥ《ナイス》である。

第一回は一九八七年に「開かれた教会づくり」をテーマに京都で、第二回は一九九三年に「家庭の現実から福音宣教のあり方を探る」をテーマに長崎で開催され、それぞれ司教団に対して答申が提出されている。

参考資料

教皇フランシスコ

使徒的勧告『福音の喜び』(*Evangelii gaudium*, 2013)、邦訳:カトリック中央協議会、二〇一四年。

回勅『ラウダート・シ——ともに暮らす家を大切に』(*Laudato Si'*, 2015)、邦訳:カトリック中央協議会、二〇一六年。

使徒的勧告『愛するアマゾン』(*Querida Amazonia*, 2020)、邦訳:カトリック中央協議会、二〇二一年。

回勅『兄弟の皆さん』(*Fratelli tutti*, 2020)、邦訳:カトリック中央協議会、二〇二一年。

使徒的勧告『ラウダーテ・デウム——気候危機について』(*Laudate Deum*, 2023)、邦訳:カトリック中央協議会、二〇二三年。

教皇ベネディクト十六世

回勅『真理に根ざした愛』(*Caritas in veritate*, 2009)、邦訳:カトリック中央協議会、二〇一一年。

「二〇一〇年世界平和の日教皇メッセージ——平和を築くことを望むなら、被造物を守りなさい」。

教皇ヨハネ・パウロ二世

回勅『真の開発とは——人間不在の開発から人間尊重の発展へ』(*Sollicitudo rei socialis*, 1987)、邦訳:カトリック中央協議会、一九八八年。

「一九九〇年世界平和の日教皇メッセージ――創造主である神とともに生きる平和、創造されたすべてのものとともに生きる平和」。

回勅『新しい課題――教会と社会の百年をふりかえって』(*Centesimus annus*, 1991)、邦訳:カトリック中央協議会、一九九一年。

教皇パウロ六世

回勅『ポプロールム・プログレシオ』(*Populorum progressio*, 1967)。

教皇ヨハネ二十三世

回勅『マーテル・エト・マジストラ』(*Mater et magistra*, 1961)。

回勅『パーチェム・イン・テリス――地上の平和』(*Pacem in terris*, 1963)、邦訳:カトリック中央協議会、二〇一三年。

第二バチカン公会議

「現代世界憲章」(*Gaudium et spes*, 1965)、邦訳:カトリック中央協議会『第二バチカン公会議公文書改訂公式訳』、二〇一三年。

教皇庁 正義と平和評議会(現在は「総合人間開発省」に統合)

『教会の社会教説綱要』(*Compendium of the Social Doctrine of the Church*, 2004)、邦訳:カトリック中央協議

会、二〇〇九年。

教皇庁　インテグラル・エコロジー教皇庁部局間協働作業グループ
『ともに暮らす家を大切にする旅――『ラウダート・シ』公布から5年』（*Journeying Towards Care for Our Common Home, Five Years after Laudato Si'*, 2020）、邦訳：カトリック中央協議会、二〇二三年。

日本カトリック司教団（司教協議会内諸委員会を含む）

「日本の教会の基本方針と優先課題」、一九八四年。

「いますぐ原発の廃止を――福島第1原発事故という悲劇的な災害を前にして」、二〇一一年。

『今こそ原発の廃止を――日本のカトリック教会の問いかけ』（日本カトリック司教協議会『今こそ原発の廃止を』編纂委員会・編）、カトリック中央協議会、二〇一六年。

「原子力発電の撤廃を――福島原子力発電所事故から5年半後の日本カトリック教会からの提言」、二〇一六年。

『いのちへのまなざし【増補新版】』、カトリック中央協議会、二〇一七年。

ウェブサイト
https://laudatosiactionplatform.org/　ラウダート・シ・アクション・プラットフォーム（教皇庁　総合人間開発省による交流基盤）
https://laudatosi.jp/　「ラウダート・シ」デスク（日本カトリック司教協議会内部門）

事前に当協議会事務局に連絡することを条件に、通常の印刷物を読めない、視覚障害者その他の人のために、録音または拡大による複製を許諾する。ただし、営利を目的とするものは除く。なお点字による複製は著作権法第 37 条第 1 項により、いっさい自由である。

見よ、それはきわめてよかった
総合的《インテグラル》なエコロジーへの招き

2024 年 7 月 4 日 第 1 刷発行
2024 年 8 月 26 日 第 2 刷発行

著　者　日本カトリック司教団

発　行　カトリック中央協議会
〒135-8585 東京都江東区潮見 2-10-10 日本カトリック会館内
☎03-5632-4411（代表）、03-5632-4429（出版部）
https://www.cbcj.catholic.jp/

印 刷　大日本印刷株式会社

定価はカバーに表示してあります　ISBN978-4-87750-251-5 C0016